»Ein ganzes Leben«
EHEGESCHICHTEN

Herausgegeben von Matthias Reiner
Mit Illustrationen von Katrin Stangl

Insel Verlag

Insel-Bücherei Nr. 1501

EHEGESCHICHTEN

ROBERT GERNHARDT
Ja und Nein

Dreimal Ja und dreimal Nein
machen ein Vielleicht.
Kein Geh weg mehr,
noch kein Komm –
schön, wenn dir das reicht.

Mir reicht's nicht, damit du's weißt.
Gott, geht mir das auf den Geist,
dieses:
Ja, ja, ja, nein, nein, nein –
bleib bloß draußen, doch komm rein.

ASTRID LINDGREN

Unser Leben in Näs verlief ohne schwere Schicksalsschläge, wie sie Menschen sonst treffen können. Nur einmal fehlte nicht viel, und unsere geborgene Welt wäre in Stücke gegangen. Samuel August lag auf den Tod krank an Bauchfellentzündung. Als er mit geplatztem Blinddarm ins Krankenhaus von Västervik gebracht wurde, war Hanna bei ihm, und sie wich auch während des ganzen Monats, da er um sein Leben kämpfte, nicht von seiner Seite. Bis zum Ende seiner Tage war Samuel August davon überzeugt, dass er andernfalls gestorben wäre, und später hat er uns beschrieben, dass »ihre Gebete wie 'ne Rauchfahne zum Himmel stiegen« – wenn es nun das war, das ihm geholfen hat, oder ihre bloße Anwesenheit an seinem Krankenlager. Zu Hause wurde für uns Kinder natürlich gesorgt, und doch erinnere ich mich an diesen Monat als an eine einzige große Leere. Für Hanna jedoch verstand es sich von selbst, dass ihr Platz, vor allem anderen, bei Samuel August zu sein hatte. In Freud und Leid lebten sie miteinander und füreinander.

»Ich lebe immer mit dir, in meinen Gedanken und Taten, ja, ich möchte stets ganz für dich leben«, schrieb Samuel August an einem Apriltag 1903 bald nach dem Abend unter der Traueresche. Und dieses Versprechen hat er gehalten. Von ihrem neunten Lebensjahr an und ihr ganzes Leben hindurch blieb Hanna seine »kleine Inniggeliebte«. Sie alterte, beide alterten, doch das änderte nichts. Ich erinnere mich ihrer, als sie beide schon die achtzig überschritten hatten und das Leben um sie herum still geworden war, wie er dort saß und ihre Hände hielt und so zärtlich sagte: »Meine kleine Inniggeliebte, hier sitzen wir nun, du und ich, und haben's schön.«

Nachdem sie abends zu Bett gegangen waren, unterhielten sie sich immer noch eine Weile. Dann sang Hanna ein Kirchenlied oder sagte es auf und danach sprach Samuel August mit seiner unbeschreiblich treuherzigen Stimme das Vaterunser und den Segen. Wenn ich zu Hause auf Besuch war, stand ich manchmal still vor ihrer Tür und lauschte. Und dachte: Wie lange noch?

An einem ganz besonderen Abend im Mai 1961, nachdem sie sich beide hingelegt und ihrer Gewohnheit gemäß die kleinen Tagesereignisse besprochen hatten, sagte Hanna einen Choral auf, den sie beide oft gemeinsam gesungen hatten und dessen letzter Vers lautet:

> Und naht die Todesstunde mir
> noch diese Nacht, o Gott,
> dann ist mein Trost, dass ich bei dir
> im Leben wie im Tod.

Es waren die letzten Worte, die Samuel August von ihr hörte. Kurz darauf erlitt sie einen Schlaganfall und ein paar Tage später hatte Samuel August keine Hanna mehr. Er sah sie erst wieder, als sie in ihrem Sarg lag, schön auf eine neue, fremde Art in des Todes Blässe. Vorher hatte er nicht weinen können, aber als er jetzt ihre Hände in seine nahm und die Eiseskälte spürte, brach er zusammen und schluchzte verzweifelt: »Und deine Hände, die ich so oft gewärmt hab!« Jetzt konnte er sie nicht mehr wärmen.

Aber er lebte weiter.

»Manche gehen voraus und manche kommen nach«, sagte er, »dagegen können wir nichts tun.«

Er hatte ein wunderliches Vertrauen in das Leben, eine Lebensfreude und die tröstliche Gewissheit eines künftigen Lebens und deshalb konnte nicht einmal Hannas Tod ihn zerbrechen.

Er fuhr fort, sie zu lieben und von ihr zu sprechen und all ihre Tugenden zu preisen. Er tat es noch, als er 94 Jahre alt war und heiter und zufrieden in seinem Bett in dem Pflegeheim lag, das seine letzte Station hier auf Erden wurde.

»Du, Kind, eine solche Mutter, wie du gehabt hast!«, sagte er, als ich ihn zum letzten Mal besuchte.

Ja, ganz gewiss habe ich das! Und einen solchen Vater! Mit einem so treu liebenden Herzen, einem bis in den Tod liebenden Herzen!

Und mit einer solchen Freude am Erzählen. Wie gut, dass er sie hatte, denn sonst wüsste ich nicht, wie es damals vor langer Zeit mit Samuel August von Sevedstorp und Hanna in Hult gewesen ist.

An einem Abend im Juli 1969 starb Samuel August. Zutiefst überzeugt davon, dass er Hanna wiedersehen werde.

Ich kann sie beide vor mir sehen. Dort oben in den himmlischen Wohnungen. Bestimmt wächst dort in einer Ecke von Gottes Garten auch eine Traueresche und darunter sitzen sie. Und er hält ihre Hände, so wie er es immer getan hat, und sagt mit seiner liebevollen Stimme:

»Meine kleine Inniggeliebte, hier sitzen wir nun, du und ich, und haben's schön.«

ERICH KÄSTNER
Kleines Solo

Einsam bist du sehr alleine.
Aus der Wanduhr tropft die Zeit.
Stehst am Fenster. Starrst auf Steine.
Träumst von Liebe. Glaubst an keine.
Kennst das Leben. Weißt Bescheid.
Einsam bist du sehr alleine –
      und am schlimmsten ist die Einsamkeit zu zweit.

Wünsche gehen auf die Freite.
Glück ist ein verhexter Ort.
Kommt dir nahe. Weicht zur Seite.
Sucht vor Suchenden das Weite.

Ist nie hier. Ist immer dort.
Stehst am Fenster. Starrst auf Steine.
Sehnsucht krallt sich in dein Kleid.
Einsam bist du sehr alleine –
      und am schlimmsten ist die Einsamkeit zu zweit.

Schenkst dich hin. Mit Haut und Haaren.
Magst nicht bleiben, wer du bist.
Liebe treibt die Welt zu Paaren.
Wirst getrieben. Mußt erfahren
      Daß es nicht die Liebe ist ...

Bist sogar im Kuß alleine.
Aus der Wanduhr tropft die Zeit.
Gehst ans Fenster. Starrst auf Steine.
Brauchtest Liebe. Findest keine.
Träumst vom Glück. Und lebst im Leid.
Einsam bist du sehr alleine –
      und am schlimmsten ist die Einsamkeit zu zweit.

GUSTAV SCHWAB
Orpheus und Eurydike

Der unvergleichliche Sänger Orpheus war ein Sohn des thrakischen Königs und Flußgottes Öagros und der Muse Kalliope. Apollon selbst, der melodische Gott, schenkte ihm ein Saitenspiel, und wenn Orpheus dasselbe rührte und dazu seinen herrlichen Gesang, den seine Mutter ihn gelehrt hatte, ertönen ließ, so kamen die Vögel in der Luft, die Fische im Wasser, die Tiere des Waldes, ja die Bäume und Felsen herbei, um den wundervollen Klängen zu lauschen. Seine Gattin war die holdselige Najade Eurydike, und sie liebten sich beide auf das zärtlichste. Aber ach, nur allzu kurz war ihr Glück; denn kaum waren die fröhlichen Lieder der Hochzeit verstummt, da raffte ein früher Tod die blühende Gattin dahin. Auf grüner Aue lustwandelte die schöne Eurydike mit ihren Gespielinnen, den Nymphen; da stach sie eine giftige Natter, die im Grase versteckt lag, in die zarte Ferse, und sterbend sank die Liebliche ihren erschreckten Freundinnen in die Arme. Unaufhörlich hallten nun die Berge und Täler vom Schluchzen und Klagen der Nymphen wider, und unter ihnen jammerte und sang Orpheus, seinen Schmerz in wehmütigen Liedern austönend; da trauerten die Vöglein und die klugen Hirsche und Rehe mit dem verlassenen Gatten. Aber sein Flehen und Weinen brachte die Verlorne nicht zurück. Da faßte er einen unerhörten Entschluß: Hinunter in das grausige Reich der Schatten wollte er steigen, um das finstere Königspaar zur Rückgabe Eurydikes zu bewegen. Durch die Pforte der Unterwelt bei Tainaron ging er hinab; schaurig umschwebten die Schatten der Toten den Lebenden, er aber schritt mitten durch die Schrecknisse des Orkus, bis er vor den Thron des bleichen Hades und seiner strengen Gemahlin trat. Dort faßte er seine Leier und sang zum süßen Klange der Saiten: »O ihr Herrscher des unterirdischen Reiches, gönnet mir, Wahres zu reden, und höret gnädig meine Bitten an! Nicht kam ich herab, von Neugier getrieben, den Tartaros zu schauen, nicht um den dreiköpfigen Hund zu fesseln; ach nein, um der Gattin willen nah ich mich euch. Vom Biß der tückischen Natter vergiftet, sank die Teure in der Jugend Blüte dahin, nur wenige Tage war sie meines Hauses Stolz und Freude. Sehet, ich wollte es tragen, das unermeßliche Leid; als Mann hab ich lange gerungen. Aber die Liebe zerbricht mir das Herz, ich kann nicht ohne Eurydike sein. Darum fleh ich zu euch, furchtbare, heilige Götter des Todes! bei diesen grauenvollen Orten, bei der schweigenden Öde eurer Gefilde: Gebt sie mir wieder, die traute Gattin; laßt sie frei, und schenket ihr das allzufrüh verblühte Leben von neuem! Aber kann es nicht sein, o so nehmet auch mich unter die Toten auf, nimmer kehr ich ohne sie zurück.« Also sang er und rührte mit den Fingern die Saiten. Siehe, da horchten die blutlosen Schatten und weinten. Der unselige Tantalos haschte nicht mehr nach den entschlüpfenden Wassern. Ixions sausendes Rad stand still, die Töchter des Danaos ließen ab vom vergeblichen Mühen und lehnten horchend an der Urne, Sisyphos selbst vergaß seiner Qual und setzte sich auf den tückischen Felsblock, den sanften Klagetönen zu lauschen. Damals, so sagt man, rannen selbst von den Wangen der furchtbaren Eumeniden Tränen hernieder, und das düstere Herrscherpaar fühlte sich zum ersten Mal von Mitleid bewegt. Persephone rief den Schatten Eurydikes, der unsicheren Schrittes herankam. »Nimm sie mit dir«, sprach die Totenkönigin, »aber wisse: nur wenn du keinen Blick auf die Folgende wirfst, ehe du das Tor der Unterwelt durchschritten, nur dann gehört sie dir; doch schaust du dich zu frühe nach ihr um, so wird dir die Gnade entzogen.«

Schweigend und schnellen Schrittes klimmen nun die beiden den finstern Weg empor, vom Grauen der Nacht umgeben. Da ward Orpheus von unsäglicher Sehnsucht ergriffen, er lauschte, ob er nicht den Atemzug der Geliebten oder das Rauschen ihres Gewandes hörte – aber still, totenstill war alles um ihn her. Von Angst und Liebe überwältigt, seiner selbst kaum mächtig, wagte er es, einen schnellen Blick rückwärts nach der Ersehnten zu werfen. O Jammer! Da schwebt sie, das Auge traurig und voll Zärtlichkeit auf ihn heftend, zurück in die schaurige Tiefe. Verzweiflungsvoll streckt er die Arme nach der Entschwindenden. Ach, umsonst! Zum zweiten Male stirbt sie den Tod, doch ohne Klage – hätte sie klagen können, so innig geliebt zu sein? Schon ist sie fast seinen Blicken entschwunden: »Leb wohl, leb wohl!« so tönt es leise verhallend aus der Ferne. Starr vor Gram und Entsetzen stand Orpheus zuerst, dann stürzte er zurück in die finsteren Klüfte; aber jetzt wehrte ihm Charon und weigerte sich, ihn über den schwarzen Styx zu fahren. Sieben Tage und Nächte saß nun der Arme am Ufer, ohne

Speise und Trank; zahllose Tränen vergießend, um Gnade fleht er die unterirdischen Götter; aber diese sind unerbittlich, zum zweiten Male lassen sie sich nicht erweichen. So kehrt er denn gramvoll auf die Oberwelt zurück in die einsamen Bergwälder Thrakiens. Drei Jahre lang lebte er so dahin, allein, die Gesellschaft der Menschen fliehend. Verhaßt ist ihm der Anblick der Frauen, denn ihn umschwebt das liebliche Bild seiner Eurydike: Ihr gelten alle seine Seufzer und Lieder, ihrem Andenken die süßen klagenden Töne, die er der Leier entlockt.

So saß der göttliche Sänger einst auf einem grünen, schattenlosen Hügel und begann sein Lied. Alsbald bewegte sich der Wald, näher und näher rückten die mächtigen Bäume, bis sie den Sitzenden mit ihren Zweigen überschatteten; und auch die Tiere des Waldes und die munteren Vögel kamen heran und lauschten im Kreise den wundervollen Tönen. Da durchstürmten thrakische Weiber schwärmend die Berge, das tolle Fest des Dionysos feiernd. Sie haßten den Sänger, der seit dem Tode der Gattin alle Frauen verschmähte. Jetzt erblickten sie den Verächter. »Dort seht ihn, der uns verhöhnt!« so rief die erste der rasenden Mänaden, und im Nu stürzten sie tobend auf ihn ein, indem sie Steine und Thyrsosstäbe schleuderten. Noch lange schützten die treuen Tiere den geliebten Sänger; wie aber der Klang seiner Weisen allmählich in dem Wutgeheul der wahnsinnigen Weiber verhallte, flohen sie erschreckt ins Dickicht des Waldes. Da traf ein geschleuderter Stein die Schläfe des Unglücklichen; blutend sank er in den grünen Rasen; ach, durch den liederreichen Mund, der Felsen und Bergwild gerührt, entfloh die Seele.

Kaum war die mörderische Rotte entwichen, da kamen die Vögel schluchzend herbeigeflattert, traurig nahten die Felsen und alles Getier; auch die Nymphen der Quellen und Bäume eilten zusammen, in schwarze Gewänder gehüllt. Um Orpheus klagten sie alle und begruben seine verstümmelten Glieder. Das Haupt aber und die Leier nahm die schwellende Flut des Hebros auf und trug sie mitten im Strome dahin. Noch immer klang es wie süßer Klagelaut von den Saiten und von der entseelten Zunge, leise antworteten die Ufer mit wehmütigem Widerhall. So trug der Strom das Haupt und die Leier hinaus in die Meeresfluten bis an das Gestade der Insel Lesbos, wo die frommen Einwohner beides auffingen. Das Haupt bestatteten sie, und die Leier hängten sie in einem Tempel auf. Daher kommt es, daß jene Insel so herrliche Dichter und Sänger erzeugt hat; ja selbst die Nachtigallen sangen dort lieblicher als anderswo, um das Grab des göttlichen Orpheus zu ehren. Seine Seele aber schwebte hinab ins Schattenreich. Dort fand Orpheus die Geliebte wieder, und nun weilten sie, ungetrennt und selig umschlungen, in den Gefilden Elysiums, auf ewig miteinander vereinigt.

EDVARD HOEM
Eine Tür ins Unbekannte

Mama, liebst du den Papa? fragte ich Mutter einmal in meiner fernen Kindheit. Wir waren in der Küche daheim auf dem Hof in einem kleinen Ort an Norwegens Westküste, es war ein Winterabend. Die Küchenwände waren blau, die Deckenlampe brannte, vor den Fenstern war es dunkel. Mutter klapperte mit Geschirr, sie räumte nach dem Abendessen auf. Das lief in all den Jahren immer gleich ab: Gegen neun war die Stallarbeit erledigt, die Kühe gemolken, das Pferd versorgt. Mutter war hereingekommen, um ihren Arbeitstag zu beenden.

Großvater und Großmutter begaben sich im Altenteil des Hauses zur Ruhe. Ihr Murmeln war durch die Wand zu hören. Wir Kinder, damals waren wir zu fünft, hatten Milch und selbstgebackenes Brot mit braunem Käse bekommen. Meine große Schwester befand sich irgendwo draußen, die kleineren Geschwister waren zu Bett geschickt worden. Ich saß bei Mutter, allein.

Die Dinge, die uns umgaben, in dem Augenblick, als ich die Frage stellte, tauchen auf: der schwarze Holzofen, der Wasserschöpfer, der an einem Haken am Wasserhahn hing, die billige Reproduktion eines Gemäldes an der Wand: Jesus, der vor einer Tür steht und anklopft. Ich sehe das Radiogerät, die Tassen und Teller auf dem Spültisch, die Töpfe auf dem Herd. Die Deckenlampe brannte, daran erinnere ich mich besonders gut. Das muß also gewesen sein, nachdem wir

elektrisches Licht bekommen und die Paraffinlampe wegge-
worfen hatten. Daher war das, bevor wir die Schafe aufgaben
und bevor ich mit der Schule anfing, aber nachdem wir einen Radioapparat bekommen hatten, der mit Strom aus der
Steckdose betrieben wurde und nicht mit Batterien wie das
alte Radiogerät.

Ich war vielleicht sechs Jahre alt. Dann war das im Jahr 1955.

Ich hatte entdeckt, daß es etwas gab, das lieben heißt, und
ich überlegte, was das sein könnte. Als ich es endlich wagte,
Mutter zu fragen, war ich gespannt, weil ich nicht wußte, ob
sie böse werden würde. Aber ich wollte wissen, was in einem
so seltsamen Wort lag, und ich wollte ihr Gesicht sehen,
wenn ich fragte.

Ich stellte Mutter die Frage nach der Liebe mit einem verle-
genen Lächeln und rechnete damit, daß die Antwort kurz
ausfallen würde. Wenn die allabendliche Arbeit getan war,
wollte sie nur noch ins Bett, denn sie stand jeden Tag in aller
Herrgottsfrühe auf. Mir ging es gar nicht um eine endgülti-
ge Antwort, ich wollte sehen, wie Mutter reagierte. Wenn ihr
die Frage nicht paßte, würde sie antworten, daß ich mich bei
Vater erkundigen solle, wenn er nach Hause käme. Vater war
reisender Prediger der Inneren Mission und sieben Monate
im Jahr unterwegs.

Aber dieses Mal antwortete Mutter nicht so leichthin und
abwesend wie eigentlich sonst immer. Sie hielt inne und
sah mich mit einem Ausdruck an, den ich nie zuvor gesehen
hatte. Sie öffnete den Mund und schloß ihn wieder, zweimal.
Dann sagte sie mit fremder Stimme das, was mich fünfzig
Jahre lang nicht loslassen sollte:

»Ich hatte Vater nicht lieb, als ich mit ihm zusammenkam, aber ich habe ihn liebgewonnen, weil er beständig war, beständig und treu, und das ist genauso wichtig wie Liebe.«

An diesem Abend öffnete sich eine Tür ins Unbekannte. Im Leben von Mutter und Vater gab es etwas, worüber nicht gesprochen werden sollte, aber nun hatte sie mir anvertraut, daß es das gab.

CHRISTINE NÖSTLINGER
Irrtümer betreffs der Ehe

Der Ehetherapeut Larson von der University of Florida hat die häufigsten Irrtümer – betreffs Ehe und Partnerwahl – zwecks Warnung zusammengestellt. Also, da sind:

Irrtum 1:
Die Suche nach dem (oder der) »Richtigen«. Selbigen (bzw. Selbige) gibt es nämlich nicht. Und während man auf dieses Phantom wartet oder es sucht, lässt man passable Chancen ungenützt.

Irrtum 2:
Nicht zu heiraten, bevor man den »perfekten« Partner gefunden hat. Niemand ist perfekt, man jagt also wieder einem Phantom hinterher.

Irrtum 3:
Erst zu heiraten, wenn man sich dazu »reif« fühlt. Die »Reife« erlangt man kaum allein und als Single, sondern nur im gegenseitigen Bemühen um die Partnerschaft.

Irrtum 4:
Es prüfe, wer sich ewig bindet! Das ist zu viel des Misstrauens. Und zudem verhält sich jeder Mensch ohnehin nach der Heirat anders als vorher.

Irrtum 5:
Wenn man sich bemüht, gelingt jede Ehe. Wenn sich nur einer bemüht, gelingt gar nichts. Beide müssen sich bemühen.

Irrtum 6:

Liebe reicht als Grund zur Heirat aus. Tut sie nicht! Viel wichtiger sind: ähnliche Ideale, ähnliches Milieu, realistische Erwartungen und beidseitige Bereitschaft, die Sache gut zu machen.

Irrtum 7:

Ein längeres Zusammenleben vor der Ehe verbessert die Chancen auf Eheglück. Dadurch lernt man einander zwar etwas besser kennen, aber das sagt – laut Statistik – noch gar nichts darüber aus, ob die Ehe auch dauerhaft sein wird.

Irrtum 8:

Gegensätze ziehen einander an. Das gilt leider nur für den Anfang einer Beziehung, und was einen zuerst »fasziniert«, kann einen später rasend machen. Mit jemandem, der einem ähnlich ist, hält man das Leben weit besser aus.

Irrtum 9:

Der Zufall entscheidet, ob man einen Partner findet. So viele glückliche Zufälle gibt es leider im Leben nicht. Man muss sich schon »aktiv« auf Suche begeben, um fündig zu werden.

Irrtum 10, welcher allerdings nicht vom ehrenwerten Mr. Larson, sondern von mir »ausgeforscht« wurde:

Es ist unsinnig, irgendwelche Grundsätze und Regeln beachten zu wollen, wo es um Partnerwahl geht, weil dort, wo »die Liebe hinfällt«, sowieso gegen alle Vernunft verstoßen wird und liebestrübe Augen gar nicht in der Lage sind, das Objekt der Begierde anders als »optimal geeignet« zu sehen.

KURT TUCHOLSKY
Ehekrach

»Ja –!«

»Nein –!«

»Wer ist schuld?

       Du!«

»Himmeldonnerwetter, laß mich in Ruh!«

– »*Du* hast Tante Klara vorgeschlagen!«

Du läßt dir von keinem Menschen was sagen!

Du hast immer solche Rosinen!

Du willst bloß, ich soll verdienen, verdienen –

Du hörst nie. Ich red dir gut zu ...

»Wer ist schuld –?

       Du.«

»Nein.«

»Ja.«

– »*Wer* hat den Kindern das Rodeln verboten?

Wer schimpft den ganzen Tag nach Noten?

Wessen Hemden muß ich stopfen und plätten?

Wem passen wieder nicht die Betten?

Wen muß man vorn und hinten bedienen?

Wer dreht sich um nach allen Blondinen?

            Du –!«

»Nein.«

»Ja.«

»Wem ich das erzähle ...!
                    Ob mir das einer glaubt –!«
– »Und überhaupt –!«
            »Und überhaupt –!«
                    »Und überhaupt –!«

Ihr meint kein Wort von dem, was ihr sagt:
Ihr wißt nicht, was euch beide plagt.
Was ist der Nagel jeder Ehe?
Zu langes Zusammensein und zu große Nähe.

Menschen sind einsam. Suchen den andern.
Prallen zurück, wollen weiter wandern ...
Bleiben schließlich ... Diese Resignation:
Das ist die Ehe. Wird sie euch monoton?
Zankt euch nicht und versöhnt euch nicht:
Zeigt euch ein Kameradschaftsgesicht
und macht das Gesicht für den bösen Streit
lieber, wenn ihr alleine seid.

Gebt Ruhe, ihr Guten! Haltet still.
Jahre binden, auch wenn man nicht will.
Das ist schwer: ein Leben zu zwein.
Nur eins ist noch schwerer: einsam sein.

CHRISTINE BUSTA
Vom Altern

Der Liebe wird alles wichtig und lieb:
eine Schattenmulde in der Wange,
das Runzelgeflecht ums Auge,
eine Kindheitsnarbe unter den Zehen,
ein verborgener Makel der Haut,
eine sichtbarer werdende Ader
und die kahle Stelle im Haar.

Jeder Verlust wird auch Gewinn
und mehrt die Erinnerung.
Treuer als Lust macht Zärtlichkeit,
der Schmerz um Vergängliches erneuert.
Aus den Filtern behutsamer Trauer
bergen wir die Schönheit, die bleibt.

MATTHIAS CLAUDIUS
An Frau Rebecca;
bei der silbernen Hochzeit, den 15. März 1797

Ich habe dich geliebet und ich will dich lieben,
So lang' du goldner Engel bist;
In diesem wüsten Lande hier, und drüben
Im Lande wo es besser ist.

Ich will nicht von dir sagen, will nicht von dir singen;
Was soll uns Loblied und Gedicht?
Doch muß ich heut' der Wahrheit Zeugnis bringen,
Denn unerkenntlich bin ich nicht.

Ich danke dir mein Wohl, mein Glück in diesem Leben.
Ich war wohl klug, daß ich dich fand;
Doch ich fand nicht. GOTT hat dich mir gegeben;
So segnet keine andre Hand.

Sein Thun ist je und je großmütig und verborgen;
Und darum hoff' ich, fromm und blind,
Er werde auch für unsre Kinder sorgen,
Die unser Schatz und Reichtum sind.

Und werde sie regieren, werde für sie wachen,
Sie an sich halten Tag und Nacht,
Daß sie wert werden, und auch glücklich machen,

Wie ihre Mutter glücklich macht.

Uns hat gewogt die Freude, wie es wogt und flutet,
Im Meer, so weit und breit und hoch! –
Doch, manchmal auch hat uns das Herz geblutet,
          Geblutet ... Ach, und blutet noch.

Es giebt in dieser Welt nicht lauter gute Tage,
Wir kommen hier zu leiden her;
Und jeder Mensch hat seine eigne Plage,
Und noch sein heimlich CRÈVE-CŒUR.

Heut' aber schlag' ich aus dem Sinn mir alles Trübe,
Vergesse allen meinen Schmerz;
Und drücke *fröhlich* dich, mit voller Liebe,
Vor Gottes Antlitz an mein Herz.

DEBORAH FELDMAN
Am Ende war es unbedeutend

»Bubby, was bedeutet *virgin*?«

Bubby blickt vom gusseisernen Tisch, wo sie Teig für *Kreplech* knetet, zu mir herüber. Es ist ein feuchter Tag, bestens geeignet, um Teig aufgehen zu lassen. Über dem Ofen aufsteigender Dampf lässt die regennassen Fenster beschlagen. Meine mehligen Finger hinterlassen Schlieren auf der gläsernen Olivenölflasche, auf deren Etikett sich eine kunstvoll gekleidete Frau um die beiden Wörter *extra virgin* windet.

»Wo hast du dieses Wort aufgeschnappt?«, fragt sie. Ich nehme ihren geschockten Gesichtsausdruck wahr, bemerke, dass ich etwas Schlimmes gesagt habe, und gebe vor Angst stotternd zur Antwort: »Ich w-w-weiß nicht, Bubby, ich erinnere mich nicht mehr ...« Ich drehe die Olivenölflasche um, sodass das Etikett zur Wand zeigt.

»Na, das ist kein Wort, das kleine Mädchen kennen sollten«, sagt Bubby und widmet sich wieder mit ihren bloßen Händen dem Auswalgen des köstlichen Kartoffelmehlteigs. Ihr rosa Baumwollturban ist verrutscht, sodass der funkelnde, im Knoten befestigte Kristall schief über ihrem rechten Ohr sitzt und ein Schopf weißen Flaums sichtbar ist. Wenn ich einmal heirate, werde ich moderne Turbane tragen, aus Frottee, elegant zu einem regelmäßigen Knoten auf meinem Kopf gebunden, und mein Nacken wird sauber ausrasiert sein, auch wenn Bubby meint, dass ihrer immer juckt, sobald er frisch rasiert ist.

Bubby erzählt gern die Episode, als Zeidi sie bat, sich den Kopf zu rasieren. Das war zwei Jahre nach ihrer Heirat; er kam eines Tages nach Hause und sagte wie selbstverständlich: »Fraida, ich will, dass du dir den Kopf kahl rasierst.«

»Mein Mann«, entgegnete sie entrüstet, »bist du verrückt geworden da oben in deinem Kopf oder was? Reicht's dir denn nicht, dass ich mein Haar mit einer Perücke bedecke, obwohl meine eigene Mutter sich keinen Deut darum kümmerte, damals in Europa, jetzt willst du auch noch, dass ich es rasiere? Noch nie in meinem ganzen Leben ist mir eine solche *Frumkeit*, eine solche Religiosität zu Ohren gekommen, die verlangt, dass Frauen sich ihren Kopf rasieren.«

»Aber Fraida«, flehte Zeidi, »der *Rebbe* hat's doch gesagt! Es ist eine neue Regel. Alle Männer heißen ihre Frauen, so zu tun. Willst du, dass ich der einzige Mann bin, dessen Frau sich nicht ihr Haar rasiert? *Nu*, willst du eine Verlegenheit wie diese über die Familie bringen? Willst du, dass der *Rebbe* denkt, ich könnte meine Frau nicht dazu anhalten, die Regeln zu befolgen?«

Bubby seufzte erregt: »*Nu*, was ist denn dieser *Rebbe*? Mein *Rebbe* war er nie. Deiner auch nicht, nicht vor dem Krieg. Haben wir plötzlich einen neuen *Rebbe*? Und sage mir, wer ist dieser *Rebbe* denn, dass er verkündet, ich hätte mein Haar zu rasieren, wo er mich noch nicht einmal kennt? Eine bescheidenere, frommere Frau hat er noch nicht gesehen, sag ihm das, selbst wenn ich ein wenig zartes Haar auf dem Kopf trage.«

Nach zahlreichen Einsprüchen kapituliert Bubby schließlich stumm und führt sich einen Rasierer an den Kopf. Wieder und wieder erzählt sie mir: »Meinst du, das Rasieren wäre ein Umstand gewesen? Ganz und gar nicht. Ich habe mich ganz schnell daran gewöhnt! Und ehrlich gesagt, es ist viel angenehmer, besonders im Sommer.«

Am Ende war es unbedeutend, sagt sie. Manchmal klingt es, als versuche sie nicht nur mich, sondern auch sich selbst zu überzeugen.

CHRISTIAN MORGENSTERN
Die zwei Wurzeln

Zwei Tannenwurzeln groß und alt
unterhalten sich im Wald.

Was droben in den Wipfeln rauscht,
das wird hier unten ausgetauscht.

Ein altes Eichhorn sitzt dabei
und strickt wohl Strümpfe für die zwei.

Die eine sagt: knig. Die andere sagt: knag.
Das ist genug für einen Tag.

MAX FRISCH
Hätten Sie von sich aus die Ehe erfunden?

1. Ist die Ehe für Sie noch ein Problem?
2. Wann überzeugt Sie die Ehe als Einrichtung mehr: wenn Sie diese bei andern sehen oder in Ihrem eignen Fall?
3. Was haben Sie andern öfter geraten:
   a. daß sie sich trennen?
   b. daß sie sich nicht trennen?
4. Kennen Sie auch Versöhnungen, die keine Narben hinterlassen auf der einen oder auf der andern oder auf beiden Seiten?
5. Welche Probleme löst die gute Ehe?
6. Wie lange leben Sie durchschnittlich mit einem Partner zusammen, bis die Aufrichtigkeit vor sich selbst schwindet, d. h. daß Sie auch im Stillen nicht mehr zu denken wagen, was den Partner erschrecken könnte?
7. Wie erklären Sie es sich, daß Sie bei sich selbst oder beim Partner nach einer Schuld suchen, wenn Sie an Trennung denken?
8. Hätten Sie von sich aus die Ehe erfunden?
9. Fühlen Sie sich identisch mit den gemeinsamen Gewohnheiten in Ihrer derzeitigen Ehe? Und wenn nicht: glauben Sie, daß Ihr ehelicher Partner sich identisch fühlt mit diesen Gewohnheiten, und woraus schließen Sie das?

10. Wann macht Sie die Ehe eher nervös:
    a. im Alltag?
    b. auf Reisen?
    c. wenn Sie allein sind?
    d. in Gesellschaft mit vielen?
    e. unter vier Augen?
    f. abends?
    g. morgens?
11. Entwickelt sich in der Ehe ein gemeinsamer Geschmack (wie die Möblierung ehelicher Wohnung vermuten läßt) oder findet für Sie beim Kauf einer Lampe, eines Teppichs, einer Vase usw. jeweils eine stille Kapitulation statt?
12. Wenn Kinder vorhanden sind: fühlen Sie sich den Kindern gegenüber schuldig, wenn es zur Trennung kommt, d. h. glauben Sie, daß Kinder ein Anrecht haben auf unglückliche Eltern? Und wenn ja: bis zu welchem Lebensalter der Kinder?
13. Was hat Sie zum Eheversprechen bewogen:
    a. Bedürfnis nach Sicherheit?
    b. ein Kind?
    c. die gesellschaftlichen Nachteile eines unehelichen Zustandes, Umständlichkeiten in Hotels, Belästigung durch Klatsch, Taktlosigkeiten, Komplikationen mit Behörden oder Nachbarn usw.?
    d. das Brauchtum?
    e. Vereinfachung des Haushalts?
    f. Rücksicht auf die Familien?
    g. die Erfahrung, daß die uneheliche Verbindung glei-

chermaßen zur Gewöhnung führt, zur Ermattung, zur Alltäglichkeit usw.?

h. Aussicht auf eine Erbschaft?

i. Hoffnung auf Wunder?

k. die Meinung, es handle sich lediglich um eine Formalität?

14. Hätten Sie der standesamtlichen oder der kirchlichen Formel für das Eheversprechen irgend etwas beizufügen:

a. als Frau?

b. als Mann?

(Bitte um genauen Text)

15. Falls Sie sich schon mehrere Male verehelicht haben: worin sind Ihre Ehen sich ähnlicher gewesen, in ihrem Anfang oder in ihrem Ende?

16. Wenn Sie vernehmen, daß ein Partner nach der Trennung nicht aufhört Sie zu beschuldigen: schließen Sie daraus, daß Sie mehr geliebt worden sind, als Sie damals ahnten, oder erleichtert Sie das?

17. Was pflegen Sie zu sagen, wenn es in Ihrem Freundeskreis wieder zu einer Scheidung kommt, und warum haben Sie's bisher den Beteiligten verschwiegen?

18. Können Sie zu beiden Seiten eines Ehepaares gleichermaßen offen sein, wenn sie es unter sich nicht sind?

19. Wenn Ihre derzeitige Ehe als glücklich zu bezeichnen ist: worauf führen Sie das zurück? (Stichworte genügen)

20. Wenn Sie die Wahl hätten zwischen einer Ehe, die als glücklich zu bezeichnen ist, und einer Inspiration, einer Intelligenz, einer Berufung usw., die das eheliche Glück möglicherweise gefährdet: was wäre Ihnen wichtiger:

  a. als Mann?

  b. als Frau?

21. Warum?

22. Meinen Sie erraten zu können, wie Ihr derzeitiger Partner diesen Fragebogen beantwortet? und wenn nicht:

23. Möchten Sie seine Antworten wissen?

24. Möchten Sie umgekehrt, daß der Partner weiß, wie Sie diesen Fragebogen beantwortet haben?

25. Halten Sie Geheimnislosigkeit für ein Gebot der Ehe oder finden Sie, daß gerade das Geheimnis, das zwei Menschen voreinander haben, sie verbindet?

MAX FRISCH
Ich bleibe derselbe

Nachts kommt es wie Hellsicht:
Steh auf, Mann, und geh!
Es kommt vor, dass ich mich ankleide, und dann sitze ich
im Schaukelsessel, bevor ich die Schuhe angezogen habe,
oder stehe am Fenster barfuss; draussen die leeren Strassen
scheinen nass, über den Dächern ist immer ein Schimmer,
so dass man die Silhouette der Silos sieht, und aus kleinen
Kaminen da und dort wirbelt Rauch –
Alles wie vor zehn Jahren!
Die Frau, die schläft, ist eine andere.
Ich bleibe derselbe.

LEW TOLSTOJ / SOFJA TOLSTAJA
Daß ich dich verlassen habe

Liebe Sonja,
seit langem schon quält mich der Widerspruch zwischen
meinem Leben und meinem Glauben. Ich habe Euch nicht
zwingen können, Euer Leben und Eure Gewohnheiten, die
ich selbst Euch lehrte, zu ändern, zugleich habe ich Euch
bisher auch nicht verlassen können, weil ich dachte, ich
würde den Kindern, solange sie noch klein sind, meinen
wenngleich geringen Einfluß entziehen und Euch verletzen.
So weiterzuleben wie ich es in den letzten sechzehn Jahren
tat, bald kämpfend und Euch reizend, bald selbst den Ver-
suchungen erliegend, an die ich mich gewöhnt habe und
inmitten derer ich lebe, vermag ich indes auch nicht mehr,
und deshalb habe ich beschlossen, das zu tun, was ich schon
lange tun wollte – fortzugehen. [...]
Wie die Hindus, wenn sie das sechzigste Jahr erreicht haben,
sich in den Wald zurückziehen, wie jeder alte und religiöse
Mann die letzten Jahre seines Lebens Gott weihen möchte
und nicht Späßen, Wortspielen, Klatsch und Tratsch, Ten-
nis – so sehne auch ich, der ich bald das siebzigste Lebensjahr erreiche, mich von ganzem Herzen nach Ruhe und
Zurückgezogenheit, und wenn schon nicht nach absoluter
Einmütigkeit, so doch zumindest nicht nach jenem schrei-
enden Widerspruch meines Lebens mit meinem Glauben
und meinem Gewissen, in welchem ich jetzt lebe.

Wenn ich diesen Schritt offen getan hätte, wäre es zu Bitten, Verurteilungen, Streit, Klagen gekommen, und ich wäre, vielleicht, schwach geworden und hätte meinen Entschluß nicht umgesetzt, der jedoch umgesetzt werden muß. Und deshalb bitte ich Euch, mir zu verzeihen, sollte mein Handeln Euch verletzen. Laßt mich, vor allem Du, Sonja, laß mich von Herzen gehen und suche mich nicht, zürne mir nicht, verurteile mich nicht.

Daß ich Dich verlassen habe, heißt nicht, daß ich unzufrieden mit Dir gewesen wäre. Ich weiß, daß Du nicht wie ich auf das Leben blicken kannst und nicht wie ich empfinden kannst, buchstäblich nicht kannst, und deshalb weder Dein Leben ändern, noch mir Opfer zu bringen vermagst, für etwas, das Du nicht anerkennst. Deshalb verurteile ich Dich nicht, sondern denke im Gegenteil mit Liebe und Dankbarkeit an die langen 35 Jahre unseres Zusammenlebens zurück, besonders an die erste Hälfte dieser Zeit, als Du, mit der Dir eigenen mütterlichen Selbstentsagung voller Kraft und Stärke all jenes getragen hast, was Du selbst für Deine Bestimmung hieltest. Du gabst mir und der Welt das, was Du zu geben vermochtest, Du gabst Deinen Kindern viel mütterliche Liebe und hast Deiner selbst entsagt – dies nicht wertzuschätzen ist unmöglich. Doch in der letzten Phase unseres Zusammenlebens, in den letzten 15 Jahren haben wir uns voneinander entfernt. Ich kann mich nicht für schuldig halten, denn ich weiß, daß ich mich weder für mich noch für die Menschen veränderte, sondern weil ich nicht anders konnte. Auch Dich kann ich nicht verurteilen, daß Du mir nicht gefolgt bist, sondern ich danke Dir und werde Deiner stets für alles, was Du mir gabst, in Liebe gedenken. Lebe wohl, liebe Sonja.

Dein Dich liebender *Lew Tolstoi*.

8. Juli 1897

[Sofja Andrejewna Tolstaja an Lew Nikołajewitsch Tolstoj]

[19. November 1897]

[Moskau]

Es ist seltsam, daß Du in Deinem Brief, der heute morgen gebracht wurde, auf ebenjene Fragen antwortest, welche ich Dir in meinem Brief stellte, den ich gestern abend schrieb, den Du also noch gar nicht erhalten haben konntest. Ich meine, was Du über den Aufsatz über die Kunst schreibst und darüber, ob Du nach Moskau zu kommen gedenkst. – Die Frage zu beantworten, ob ich Dir böse bin, da Du noch nicht kommen möchtest, fällt mir jedesmal schwer. Du hast ja vollkommen recht, wenn Du sagst, die Zurückgezogenheit sei wichtig für Deine Arbeit, es bleibe Dir vielleicht nicht mehr viel Zeit im Leben und daher sei Dir diese und Deine Muße so wichtig; die ganze Welt, die ganze Menschheit, der Du mit Deiner Schriftstellerei dienst, werden finden, daß Du damit vollkommen recht hast.

Ich aber, als Individuum, als Deine Gattin, muß mich sehr anstrengen, um anzuerkennen, daß die Tatsache, ob ein besser oder schlechter geschriebener Aufsatz, ein Aufsatz mehr oder weniger, wichtiger ist als mein eigenes Leben, meine

Liebe zu Dir, mein Wunsch mit Dir zusammen zu sein und darin und nicht in allem anderen das Glück zu sehen.

Dies schreibe ich Dir als Erläuterung, nicht als Vorwurf. Ich habe mich daran gewöhnt, auch ohne Dich zu leben und keine Sehnsucht nach Dir zu empfinden. Mir scheint gar, daß wir seelisch einander näher sind, wenn wir äußerlich getrennt sind; und wenn wir äußerlich wieder zusammenkommen uns seelisch erneut voneinander entfernen. – Dein Argument, es bleibe Dir womöglich nicht mehr viel Zeit im Leben, könnte ich auch um meiner selbst willen anführen – nämlich, daß es gerade deshalb notwendig ist, in der letzten Zeit, die einem bleibt, zusammen zu sein. Doch gerade in letzter Zeit, besonders nach der Lektüre der Biographie Beethovens, wurde mir zunehmend klar, daß Menschen, die der Menschheit dienen und dafür das größte Geschenk erhalten, nämlich Ruhm, dieser Verführung nicht mehr entsagen können und alles preisgeben, was diesem Ruhm im Wege steht und ihren Dienst an der Menschheit stört. Beethoven hatte glücklicherweise keine Familie – und daher hatte er das Recht, derart zu handeln. [...]

Ich lebe achtsam gegen mich selbst und andere. Seit der Minute unseres Abschieds empfand ich nicht Zorn noch Verdruß gegen irgend jemanden und habe mich auch keineswegs erbost, da Du nicht nach Moskau zu kommen gedenkst. Bleibe, solange es Dir notwendig und angenehm dort ist; hier würde Dich alles verdrießen, und dies ist schlimmer als die Trennung.

So spiele ich auch wieder sehr viel Klavier, bisweilen bis zu 5 Stunden; zu Bett gehe ich jeden Tag erst gegen drei Uhr.

[...] Heute habe ich mir die Karten gelegt, und zweimal zeigte sich der Tod. Wir werden sehen!

Solange ich aber am Leben bin, küsse ich Dich und denke oft an Dich und fühle, wie Deine Tage, Gedanken, Interessen an mir vorübergehen und in Aufsätze, Erzählungen, in die Briefe an Tschertkow nach England usw. fließen. Einstmals entstand das, was Du geschrieben hast, gemeinsam mit mir, allerorten konnte ich auch mich spüren. – Deine Vorräte sind vermutlich bereits aufgebraucht, und Du hast weder Feigen noch Zwieback – nichts. Soll ich Dir etwas schicken? Lebe wohl.

S. T.

ARISTOTELES
Freundschaft zwischen Mann und Frau

Die Freundschaft zwischen Mann und Frau ist nach allgemeiner Annahme eine Naturgegebenheit. Denn der Mensch ist von Natur ein Wesen, das eher auf die Gemeinsamkeit zu zweien als auf die (umfassende) der Polis eingestellt ist, und zwar um so mehr als die Hausgemeinschaft ursprünglicher als die Polis ist und mehr den Charakter der Notwendigkeit hat und der Trieb nach Fortpflanzung dem Lebewesen in umfassenderer Weise eingepflanzt ist. Während nun bei den Tieren die Gemeinschaft nur so weit (nämlich bis zur Paarung) reicht, schließen die Menschen nicht nur wegen der Fortpflanzung eine Hausgemeinschaft, sondern auch wegen der Bedürfnisse des täglichen Lebens. Denn von vornherein sind die Aufgaben geteilt: die Arbeit des Mannes ist eine andere als die der Frau. Und so helfen sie sich gegenseitig, indem jedes das Seine zum Ganzen beisteuert. Daher ist bekanntlich auch Nutzen und Lust in dieser Freundschaft zu finden. Sie kann aber auch sittliche Vortrefflichkeit als Fundament haben, wenn beide Partner gut sind. Denn jedes hat seinen Wesensvorzug, und an solchem Verhältnis mögen sie dann ihre Freude haben. Kinder sind, wie die Erfahrung zeigt, ein festes Band. Daher tritt bei Kinderlosen rascher die Entfremdung ein. Kinder sind ja ein gemeinsames Gut für die Eltern: das Gemeinsame aber verbindet. Die Frage aber, *wie* die Form des Zusammenlebens zwischen

Mann und Frau, allgemein gesagt, zwischen Freund und Freund sein soll, ist nichts anderes als die Frage nach der Verwirklichung der Gerechtigkeit. Denn es zeigt sich, daß das Recht nicht das gleiche ist, wenn man das Verhältnis eines Freundes zu einem Freund oder einem Fremden oder einem Kameraden oder zu einem Schulgefährten ins Auge fasst.

FRIEDERIKE ROTH
Ehe

Die Frau beschimpft ihn
und er sieht nur so aus dem Fenster.

Einmal war sie
ein schönes stilles Mädchen
schwarzweißes Wachsfräulein
mit feinen Armen, Händchen
die hielten ihn, den Kenner, fest.

Jetzt ist ein eignes Fest in ihren Augen
Erinnerungen von weit her:
        Großmutters Truhen geöffnet.
        Der Himmel
        lag auf den Hügeln vor der Tür.
        Und dahinein das Mädchen
        das einmal Brombeerpflücken ging.
        Und sie war dieses Mädchen.
        Was für ein Glück hätt' können sein
        wenn ein's gewesen wär.
Fort und fort
ein enthauptetes Leben
das wer verschuldet haben soll.

Er weiß von nichts.

So nimmt er's eben an
und seine Augen werden immer kleiner.

Fast Nacht um ihn.
Darin ist ausgestellt
feinsäuberlich der Herd, der Tisch, das Bett
gänzlich vermummt die Frau
und ohne Eingeweide
wie er selbst.

Er schließt die Augen.
In ihren liegen fremde Tränchen eh.

AXEL KÜHNER
Moses Mendelssohns Brautwerbung

Einst trafen der Kaufmann Abraham Gugenheim und der Rabbi Moses Mendelssohn zusammen. Der reiche Kaufmann bewunderte den gelehrten Rabbi und lud ihn zu sich nach Hause ein. Und im Blick auf seine Tochter fügte er hinzu, dass er den Rabbi nur zu gern als Schwiegersohn haben würde. Mendelssohn aber hatte große Angst vor einem Besuch und einer Werbung um die Tochter, denn er war durch einen großen Buckel sehr verwachsen und entstellt. Doch eines Tages fasste er Mut, besuchte die Familie Gugenheim in Hamburg und lernte auch die hübsche Tochter der Kaufmannsfamilie kennen. Und wie er befürchtet hatte, war die Tochter erschrocken über sein Aussehen und ließ ihm das durch ihren Vater sagen. Beim Abschied war er noch kurz mit dem Mädchen allein, und sie erzählten, ohne dass das Mädchen ihn ansah. Plötzlich fragte die Tochter Mendelssohn: »Glauben Sie daran, dass die Ehen auf Erden im Himmel geschlossen werden?« »Gewiss!«, antwortete Mendelssohn, »Sie wissen, dass nach einer talmudischen Sage bei der Erschaffung eines Kindes im Himmel die Partnerin aufgerufen wird. Nun wurde mir eine Frau aufgerufen, und dabei hieß es, sie würde einen Buckel haben. Aber ich schrie: »Lieber Gott, ein Mädchen muss schön sein und darf keinen Buckel haben. Gib mir lieber den Buckel und lass das Mädchen wohlgestalt sein!« Als Mendelssohn das

zu dem Mädchen gesagt hatte, stand sie auf und fiel ihm
um den Hals.

GÜNTER HERBURGER
Ehegedicht

Geliebt haben wir uns, daß das Gras um
                      uns sich entzündete,
doch die Glut schadete uns nicht,
so selbstvergessen waren wir.

Verfolgt haben wir uns,
daß wir uns bis ins Mark trafen,
doch die Wunden schlossen sich wieder,
da kein Blut aus ihnen kam.

Seitdem wir uns aber geeinigt haben,
zusammen alt zu werden,
verwandelt sich die Liebe in Behutsamkeit,

und das Blut, das mitunter
nun aus Rissen quillt, schmerzt
Tropfen um Tropfen wie heißes Wachs.

PAULUS
Ehe und Ehelosigkeit

Wovon ihr aber mir geschrieben habt, darauf antworte ich: Es ist dem Menschen gut, daß er kein Weib berühre. 2 Doch um der Unkeuschheit willen habe ein jeglicher seine eigene Frau, und eine jegliche habe ihren eigenen Mann. 3 Der Mann leiste der Frau die schuldige Pflicht, desgleichen die Frau dem Manne. 4 Die Frau ist ihres Leibes nicht mächtig, sondern der Mann. Desgleichen der Mann ist seines Leibes nicht mächtig, sondern die Frau. 5 Entziehe sich nicht eins dem andern, es sei denn mit beider Bewilligung eine Zeitlang, daß ihr zum Beten Ruhe habt; und dann kommt wiederum zusammen, auf daß euch der Satan nicht versuche, weil ihr euch nicht enthalten könnt. 6 Solches sage ich aber als Erlaubnis und nicht als Gebot. 7 Ich wollte wohl lieber, alle Menschen wären, wie ich bin; doch ein jeglicher hat seine eigene Gabe von Gott, einer so, der andere so. 8 Den Ledigen und Witwen sage ich: Es ist ihnen gut, wenn sie auch bleiben wie ich. 9 Wenn sie aber sich nicht können enthalten, so laß sie freien; es ist besser freien als von Begierde verzehrt werden.

FRIEDERIKE MAYRÖCKER
Alpensprache Rohrmoos

damals im Gebirge August waren die Abende kühl aber
unsere Seelen brannten zählten nachts die Sterne
                  am Himmel erkannten
den Groszen und Kleinen Wagen Kassiopeia und Venus
                             schliefen
einander in Armen haltend am Morgen die bloszen
Füsze im Tau gebadet flügelschlagende
Wälder. Manchmal ins Städtchen hinunter um Honig
                        zu holen Stifte
Papier und Wein zirpende Andacht. *Wir*
setzen uns mit Tränen nieder denn unser Leben war zu
                          kurz

AXEL HACKE
Vor der Party

Zu den heikelsten Phasen im Leben eines Paares zählt zweifellos die Zeit vor dem Aufbruch zu einer Party. Ich glaube, man kann sagen, dass eine Beziehung, die mehrere solcher Aufbrüche überstanden hat, ohne zu zerbrechen, gefeit ist gegen alle übrigen Krisen.

Nehmen wir einmal an, ein Paar sei zum Geburtstag einer gemeinsamen Freundin eingeladen. Nehmen wir spaßeshalber an, der Mann sei ich, die Frau Paola. Nehmen wir an, das Kind der beiden übernachte an diesem Tag bei der Oma. Nehmen wir weiter an, die beiden hätten als Geburtstagsgeschenk eine Vase gekauft. Nehmen wir zuletzt an, Paola föhne sich im Bad die Haare, ich säße fertig umgekleidet auf dem Sofa.

Ich: »Wir sollen um acht da sein. Es ist fünf nach acht.«
Keine Antwort. Der Föhn röhrt.
Ich: »Hallo! Hallo!?«
Keine Antwort.
»HALLO!?«
Der Föhn geht aus.
»Hast du was gesagt?«
»Dass es fünf nach acht ist und wir um acht da sein sollten.«
»Warum bist du so unfreundlich? Pack doch schon mal das Geschenk ein!«

»Ist das noch nicht eingepackt?«

»Nicht dass ich wüsste ...«

Der Föhn geht wieder an.

»Wo ist denn das Geschenkpapier?«

Keine Antwort.

Ich gehe zum Bad. Paola lächelt mich an, während sie sich föhnt.

Ich sage: »Wo ist das Geschenkpapier?«

Sie sagt: »Warum schaust du so grimmig?«

Ich sage: »Ich wollte wissen, wo das Geschenkpapier ist.«

Der Föhn geht aus.

»Was hast du gesagt?«

Sie ordnet ihr Haar, während sie in den Spiegel blickt.

»WO DAS GESCHENKPAPIER IST!!!«

»Hey, Mann, hast du eine Laune! Alle paar Wochen gehen wir mal zu einer Party, und dann hast du so eine Mistlaune!«

Der Föhn geht wieder an.

»Ich hatte glänzende Laune. Aber nun ist es schon zehn nach acht und ...«

Der Föhn läuft. Ich ziehe den Stecker heraus.

»Du wolltest mir sagen, wo das Geschenkpapier ist.«

»Da, wo es immer ist.«

»Und wo ist das?«

»Im Flurschrank.«

Ich beginne, die Vase einzupacken. Paola kommt aus dem Bad. Die Luft zittert ein wenig. Es gibt nun unglaublich viele Möglichkeiten, entsetzliche Gewitter auszulösen. Zum Beispiel sind da die Fragen, ob man nicht dem Geschenk eine Glückwunschkarte beifügen sollte. Wo die Glückwunschkarten sich befinden. Was auf dieser Glückwunschkarte stehen könnte.

Zum Beispiel hat man ein Taxi vorbestellt, das unten wartet – während einer der Partner seine Ohrringe, sein Mobiltelefon, sein Lieblingsparfum nicht findet.

»Immer bestellst du Taxis vor – so etwas Unspontanes!«

Zum Beispiel hat man auch kein Taxi vorbestellt und bekommt auch keines, weil Samstag um diese Zeit alle Taxis unterwegs sind.

»Hättest du nur ein Taxi vorbestellt ...!«

Des Weiteren reicht eine einzige, winzige, unbedachte Bemerkung, das Äußere der Ehefrau betreffend, um Verheerungen anzurichten. Das kann so gehen:

»Wie, findest du, sehe ich aus?«

»Prima. Du bist sehr schön.«

»Das klingt so gleichgültig. Es ist dir vollkommen egal, wie ich aussehe, Hauptsache, wir sind pünktlich, was?«

Oder so: »Wie, findest du, sehe ich aus?«

»Prima. Was ist mit deinen Augen?«

»WIE?! WAS IST MIT MEINEN AUGEN?!«

»Ich weiß nicht. Irgendwie sehr dunkel geschminkt. Aber es sieht trotzdem gut aus, ich meine nur ...«

Sie läuft zum Spiegel. Blickt mit weit aufgerissenen Augen hinein.

»Du findest also, ich habe zwei schwarze Löcher im Gesicht ...«

Was ich sagen will: Man kann jetzt nichts richtig machen. Die Stunde, bevor man zu einer Party aufbricht, ist die Zeit, in der man alles falsch macht. In der man Nerven aus Stahl

braucht. Die man einfach durchstehen muss. Es ist die Stunde, nach der deine Frau zur Taxifahrerin sagt:
»Wenn Sie wollen, können Sie meinen Mann haben.«
Die Fahrerin blickt in den Rückspiegel und sagt dann, aber eben erst dann: »Danke, ich bin verheiratet.«

RACHEL CUSK
Danach

Kürzlich haben mein Mann und ich uns getrennt, und im Laufe weniger Wochen brach unser gemeinsam gestaltetes Leben auseinander wie ein Puzzle, das in seine Einzelteile zerlegt wird.

Manchmal ist das Raster eines Puzzles im zusammengesetzten Motiv nicht mehr erkennbar. Erfahrene Spieler sind stolz darauf, aber meistens sieht man doch etwas. Das einfallende Licht offenbart Furchen in der Oberfläche, und makellos wirkt das Bild nur von fern. Meine jüngere Tochter puzzelt gern. Die ältere nicht; sie baut lieber Kartenhäuser, in deren Umgebung alle reglos und still sein müssen. Auf mich wirken diese Beschäftigungen wie unterschiedlich geartete Versuche, Kontrolle auszuüben, gleichzeitig scheinen sie einen Beweis dafür zu liefern, dass es mehr als eine Art von Geduld gibt und die Unduldsamkeit viele Gesichter hat. Wie ich finde, nehmen meine Töchter die Ausprägungen ihres jeweiligen Naturells ein wenig zu ernst; die eine ärgert sich über die entgegengesetzte Neigung der anderen. Tatsächlich könnte man behaupten, dass ihre unterschiedlichen Beschäftigungen eine Form des Streitens darstellen, denn letztendlich ist Streit nur Notwehr in Sachen Selbstdefinition. Manchmal habe ich mich gefragt, ob das moderne Familienleben mit seiner unerbittlichen Fröhlichkeit, seinem absolut unbegründeten Optimismus und seinem

Vertrauen nicht auf Gott oder Wirtschaftlichkeit, sondern auf das Prinzip der Liebe an dem Versäumnis scheitert, das menschliche Bedürfnis nach Krieg anzuerkennen und sich dagegen zu wappnen.

»Die neue Wirklichkeit« war ein Ausdruck, der in jenen ersten Wochen oft aufkam. Die Leute wendeten ihn auf meine Lage an, als bezeichnete er eine Art Fortschritt. Dabei war es in Wahrheit eine Regression: Das Leben hatte den Rückwärtsgang eingelegt. Auf einmal bewegten wir uns nicht mehr vor, sondern zurück, zurück ins Chaos, in Geschichte und Frühgeschichte, zurück zum Anfang der Dinge und dann noch weiter in die Zeit, bevor diese Dinge existierten. Ein Teller fällt zu Boden; die Scherben sind die neue Wirklichkeit. Ich musste mich an die neue Wirklichkeit erst gewöhnen. Meine beiden kleinen Töchter mussten sich daran gewöhnen. Dabei war die neue Wirklichkeit, soweit ich es beurteilen konnte, jetzt schon kaputt. Als unversehrtes Ganzes hatte sie jahrelang ihren Zweck erfüllt, aber in Bruchstücken war sie zu gar nichts zu gebrauchen, es sei denn, diese ließen sich wieder zusammenfügen.

Mein Mann glaubte, ungeheuerlich behandelt worden zu sein. Nichts konnte diesen Glauben erschüttern; seine ganze Welt hing davon ab, das war seine Geschichte, und in letzter Zeit hasse ich Geschichten. Wenn jemand mich fragen würde, welche Katastrophe über mein Leben hereingebrochen ist, könnte ich zurückfragen, ob er die Geschichte hören will oder die Wahrheit. Ich könnte der Erklärung halber sagen, dass ein wichtiges Gehorsamsgelübde gebrochen wurde. Ich könnte sagen, dass ein Roman stockt, stillsteht und sich nicht weiterschreiben lässt, wenn mir beim Schreiben Fehler unterlaufen, dass ich in dem Fall zurückgehen und den Fehler im Aufbau suchen muss. Normalerweise liegt das Problem im Verhältnis von Geschichte und Wahrheit. Die Geschichte muss der Wahrheit gehorchen und sie darstellen wie Kleidung einen Körper. Je enger anliegend der Schnitt, desto schmeichelnder der Effekt. Unbekleidet kann die Wahrheit verletzlich, unansehnlich und schockierend sein; übertrieben aufgemacht wird sie zur Lüge. Eine der grundsätzlichen Schwierigkeiten im Leben bestand für mich in dem Versuch, zwischen den beiden zu schlichten, wie ein Scheidungskind zwischen seinen Eltern schlichten möchte. Meine Kinder tun genau das; wenn wir alle zusammen sind, zwingen sie die Hand meines Mannes in meine. Sie versuchen, die Geschichte abermals zu einer Wahrheit werden zu lassen, oder die Wahrheit zu einer Unwahrheit. Ich habe nichts dagegen, die Hand meines Mannes zu halten, aber ihm gefällt das nicht, denn es ist schlechte Form – und Form ist wichtig für eine Geschichte. Alles, was in unserem Zusammenleben formlos war, gehört jetzt mir. Deswegen bereitet es mir keine Umstände, es stört mich nicht, seine Hand zu halten.

THEODOR FONTANE
Wurzels
(Berliner Ehedialog)

»Wurzel, wir wollen nun an die See,
Heute (als letztes noch) koch ich Gelee,
Friederike bleibt und sorgt für Torf,
Ich denke, wir gehen nach Heringsdorf.«

»Ahlbeck.«

»Wurzel, mit Hermann wird es nun Zeit,
Alles hier draußen ist freilich so weit,
's Gymnasium auch (und täglich zweimal)
Aber mit Pferdebahn ist es egal,
Ich denke mir also: Joachimsthal.«

»Steglitz.«

»Wurzel, der Winter ist nun bald da,
Mir graut schon vor dem Gesellschaftstrara,
Aber was hilft es (sie reden schon)
Also Scherzers. Kopisch, Liliencron
Und vielleicht die Familie Levysohn ...«

»Meyers.«

»Wurzel, du bleibst doch, wie du bist,
Ein Igel an dir verloren ist,
In der Tanzstund, als Bräutigam und nun ehlich
Immer gleich aufbäumsch und unausstehlich;
Mag man sich noch so den Kopf zerbrechen,
Du widersprichst, um zu widersprechen,
'ne Scheidung gibt es schließlich *doch*!«

»Ich denke mir, du besinnst dich noch.«

THEODOR FONTANE
An Emilie Fontane

Berlin, 15. Aug. 76.

Liebe Frau.

Heute früh erhielt ich Deine Zeilen – die freundlichsten, die ich in diesen 5 Wochen empfangen habe – und danke Dir dafür. Du schreibst: »alles verwöhnte Dich dort, nur von hier aus würdest Du knapp behandelt«. Dem Zusammenhange nach, kann sich dies nur auf mein Briefschreiben beziehn und da gehört denn diese Bemerkung wieder zu jenen rätselhaften Aeußerungen, an denen Du, wenigstens zu Zeiten, groß bist. Ich habe das gute Gewissen, Dir ganze Manuskripte geschickt zu haben; zweimal hab' ich drei, vier Tage vergehen lassen, ohne zu schreiben, aber lediglich aus Verstimmung über den Ton Deiner Briefe, oder doch aus Verstimmung über einzelne ganz ungehörige, mich kränkende Bemerkungen. So auch in Deinem längeren Briefe, der Deinen Besuch bei Tante Lise schilderte. Was soll es heißen wenn Du mir, in Bezug auf eine aus 3 Personen bestehende Gesellschaft, in der noch nicht zwei Flaschen Medoc Cautenac à 12½ Sgr. getrunken wurden, kurz und feierlich schreibst: »*so* hatte ich mir unsre Zukunft gedacht.« Was soll ich mit solchem Satze machen? Daran knüpfst Du dann, ganz trocken, die Aeußerung »daß wir also *Deinen* Maraschino ausgetrunken hätten.« Wenn dies alles möglicherweise nicht böse gemeint gewesen ist, so kann ich blos sagen: gebildete Menschen drücken sich eben so aus, daß ihre Worte nicht mißverstanden werden können. Ich will *den* sehen, der aus zwei solchen Sätzen, wie die vorstehend citirten, Humor oder Harmlosigkeit herauslesen kann. Ich bilde mir ein, mich auf beide zu verstehn. Meine liebe Frau; es ist im Großen und Kleinen das alte Lied. Du reizt mich bis aufs Blut und wunderst Dich hinterher wenn ich heftig und bitter werde, Du machst ein böses Gesicht und wunderst Dich wenn ich Dir aus dem Wege gehe, Du verhälst Dich ablehnend und wunderst Dich, wenn ich nicht zärtlich bin. Natürlich bin ich auch zu Zeiten unzärtlich, ohne vorher einer Nüchternheit begegnet zu sein, aber das ist nicht zu ändern, weil es eben so in der menschlichen Natur wie ganz besonders in unsren Lebensverhältnissen liegt. Wenn ich bei einer Arbeit nicht von der Stelle kann, oder das Gefühl des Mißlungenen habe, so bedrückt das mein Gemüt und aus bedrücktem Gemüt heraus kann ich nicht nett, quick, elastisch und liebenswürdig sein, aber das müßtest Du auch, wenn Du Dich ein bischen auf meine Art verstündest, gar nicht von mir fordern. Daß ich Dich liebe, weißt Du, daß ich es Dir tausendfältig gezeigt habe, wirst Du nicht wohl bestreiten können; an diesem schönen Bewußtsein, müßtest Du genug haben und als kluge Frau wissen, in 24 Stunden ist das alles vorüber. Statt dessen zeigst Du Deine ganz und gar unberechtigte Verstimmung, die mich nun erst wirklich verdrießlich und aus dem tristen Tage ein[e] triste Woche macht. Wenn Du doch all dies einsehn, wenn Du Dich doch nicht in der Vorstellung verblenden wolltest, daß Du »a lone, lorn woman«, eine arme, zurückgesetzte Kreuzträgerin wärest. Es ist ja alles bittre Thorheit; Du bist eine durch Deinen Mann, Deine Kinder, Deinen Lebensgang und Deine Lebensstellung unendlich bevorzugte Frau. Es giebt wenige, die es *so* gut getroffen haben. Daß Du das Glück nach der Zahl der Geldrollen bemessen solltest, für so inferior halte ich Dich nicht, habe auch keine Ursach dazu.

Nun zu speziellen Dingen, zu denen das Vorstehende, in seiner Allgemeinheit, doch eine gute Einleitung bildet.

Martha reist am 26.; da Tante Below, wie Du aus beiliegendem Briefe ersehen wirst, in Ilsenburg ist, so fallen die drei Ludwigsluster Tage fort und Martha wird also entweder am 26. oder 27. hier eintreffen. Es wäre danach wünschenswert, Du kämest am 23., morgen über 8 Tage, Du bist dann gerade sechs Wochen fort. Ich erwarte Dich mit alter Liebe, die ich immer für Dich in meinem Herzen habe, auch wenn ich Dir die bittersten Dinge sage, Dinge, die ich leider auch heute nicht zurücknehmen kann. Denn die Zuneigung ist etwas Rätselvolles, die mit der Gutheißung dessen, was der andre thut, in keinem notwendigen Zusammenhange steht. Natürlich wird es bei gebildeten Menschen immer dahin kommen, daß die Gutheißung den natürlichen Herzenszug unterstützt und umgekehrt, wenn sie consequent ausbleibt, diesen Herzenszug auswurzelt und tötet.

Du wirst, bei Deiner Rückkehr, mir gleich zeigen können, ob ich noch wieder auf friedliche, glückliche Tage rechnen kann oder nicht. Meine Angelegenheit hat sich mittlerweile entschieden; am 2. August, am Tage vor der Akademiefeier, erhielt ich die amtliche Mitteilung, daß der Kaiser meine Entlassung genehmigt habe und daß ich nur noch die Ernennung eines Nachfolgers abzuwarten hätte. Im ersten Augenblicke war es mir *Deinetwegen* leid; ich hatte mich seit fünf, sechs Wochen derartig eingearbeitet, daß ich es für möglich hielt, die Sache auszuhalten und in der äußren Lebenssicherheit ein Aequivalent für *das* erblickte, was ich, auch im glücklichsten Falle, hätte begraben müssen, ein Aequivalent für mein aufzugebendes Schriftstellertum. Aber was ich seit 14 Tagen nun wieder erlebt, zeigt mir, wie richtig meine ersten Eindrücke waren. Es ist ein durch und durch verloddertes, unsagbar elendes, von einem anständigen Menschen gar nicht zu tolerirendes Institut. Ich sehe ganz klar, wie es geändert werden könnte, aber zu dieser Aenderung wird es auch nicht kommen, weil das Ministerium in seiner dummen Knickerei, in seiner unfreien Behandlung aller dabei in Betracht kommenden Fragen, an dem Jammerzustand geradeso viel Schuld trägt, wie die Akademie selbst. Ich ersehne den Moment, wo ich aus dieser wichtigtuerischen Hohlheit, aus diesem Nichts, das mit Feierlichkeit bekleidet wird, wieder heraussein werde. Dinge, Personen, Zustände, sind alle gleich unerquicklich. Ich passe in solch dummes Zeug nicht hinein und will mich lieber weiter quälen. Eine gute Theaterkritik, um das Kleinste herauszugreifen, ist viel viel besser als diese Reskripte-Fabrikation, bei denen ich noch nichts Erfreuliches habe herauskommen sehn. Uebrigens spreche ich über diese Dinge zu niemand, am wenigsten in *diesem* Ton. Die Welt verlangt nun mal ihre Götzen. Meinetwegen, wenn ich sie nur nicht mitanzubeten brauche. Akademie lebe wohl! Schmerzlicher ist, daß ich über kurz oder lang, wie mir Hahn neulich mitteilte, auch die 400 Taler verlieren werde. Aber, enfin, es muß auch so gehen. Für das nächste Jahr steht die Partie so, daß ich 1000 Taler vom »Daheim«, ohngefähr dieselbe Summe von Hertz erhalten werde. Auf Wiedereintritt bei der Vossin rechne ich, was alles in allem eine Jahres-Einnahme von 2800 Taler ergeben würde, wozu ja noch mancher Kleinkram kommt. Es scheint mir ganz unzweifelhaft, daß wir damit auskommen können. Zunächst laufen ja noch die 400 Taler weiter, doch wäre es freilich möglich, daß ich die betr. Summe am 30. Sept. und 31. Dezember zum letzten Male erhielte.

Eine Fülle neuer Arbeiten ist angefangen, und mir ist nicht so zu Mut, als würde ich mit Nächsten in den Skat gelegt werden. Im Gegenteil. Die Unsicherheit bleibt; es wäre lächerlich sie fortdemonstriren zu wollen; aber sie erschreckt mich nicht. Unsicher oder nicht, *der* Satz bleibt schließlich bestehen, daß ein Mann von Talent und Wissen, der fleißig ist und zu schreiben versteht, im Stande ist, sein täglich Brot zu verdienen. Hat er es mal knapper, nun so muß es knapper gehn; aber immer werden auch wieder hellere Tage kommen, die für Ausgleich sorgen. Es ist bisher gegangen, gut gegangen und ich sehe nicht ein, warum es nicht weiter gehen soll. Die einzige Gefahr liegt bei Dir. Nimm mir die Stimmung und ich bin verloren. Ich beschwöre Dich, daß Du dessen eingedenk bist und das Deine tust, mich schwimmfähig zu erhalten.

Dein *Th. F.*

Glückliche Liebe

Glückliche Liebe. Ist das normal
und ernstzunehmen und nützlich –
was hat die Welt von zwei Menschen,
die diese Welt nicht sehen?

Zu sich erhoben ohne jedes Verdienst,
die ersten besten von einer Million, allerdings überzeugt,
es habe so kommen müssen – als Preis wofür? für nichts.
Von irgendwoher fällt Licht –
weshalb gerade auf die und nicht andre?
Beleidigt es nicht die Gerechtigkeit? Ja.
Verletzt es nicht alle sorgsam aufgetürmten Prinzipien,
stürzt die Moral nicht vom Gipfel? Es verletzt und stürzt.
Seht sie euch an, diese Glücklichen:
Wenn sie sich wenigstens verstellten,
Niedergeschlagenheit spielten, damit die Freunde auf ihre
Kosten kämen!
Hört, wie sie lachen – kränkend.
Mit welcher Zunge sie sprechen – scheinbar verständlich.
Und diese ihre Zeremonien, Ziererei en,
die findigen Pflichten gegeneinander –
es ist wie eine Verschwörung hinter dem Rücken der
Menschheit!

Schwer zu ahnen, was geschähe,
machte ihr Beispiel Schule,
worauf Religion und Dichtung noch bauen könnten.
Was hielte man fest, was ließe man sein,
wer bliebe denn noch im Kreis?

Glückliche Liebe. Muß das denn sein?
Takt und Vernunft gebieten, sie zu verschweigen
wie einen Skandal in den besseren Kreisen des LEBENS.
Prächtige Babies werden ohne ihr Zutun geboren.
Sie könnte die Erde, da sie so selten vorkommt,
niemals bevölkern.

So mögen alle, denen die glückliche Liebe fremd ist,
behaupten, es gäbe sie nicht.

Mit diesem Glauben leben und sterben sie leichter.

GÜNTER GRASS
Ehe

Wir haben Kinder das zählt bis zwei.
Meistens gehen wir in verschiedene Filme.
Vom Auseinanderleben sprechen die Freunde.
    Doch meine und Deine Interessen
    berühren sich immer noch
    an immer den gleichen Stellen.
    Nicht nur die Frage nach den Manschettenknöpfen.
    Auch Dienstleistungen:
    Halt mal den Spiegel.
    Glühbirnen auswechseln.
    Etwas abholen.
    Oder Gespräche, bis alles besprochen ist.
Zwei Sender, die manchmal gleichzeitig
auf Empfang gestellt sind.
Soll ich abschalten?
    Erschöpfung lügt Harmonie.
    Was sind wir uns schuldig? Das.
    Ich mag das nicht: Deine Haare im Klo.
Aber nach elf Jahren noch Spaß an der Sache.
Ein Fleisch sein bei schwankenden Preisen.
Wir denken sparsam in Kleingeld.
Im Dunkeln glaubst Du mir alles.
Aufribbeln und Neustricken.
Gedehnte Vorsicht.

Dankeschönsagen.

     Nimm Dich zusammen.

     Dein Rasen vor unserem Haus.

     Jetzt bist Du wieder ironisch.

     Lach doch darüber.

     Hau doch ab, wenn Du kannst.

     Unser Haß ist witterungsbeständig.

Doch manchmal, zerstreut, sind wir zärtlich.

Die Zeugnisse der Kinder

müssen unterschrieben werden.

     Wir setzen uns von der Steuer ab.

     Erst übermorgen ist Schluß.

     Du. Ja Du. Rauch nicht soviel.

EVA STRITTMATTER
Dank I

Als ich an jenem Abend –
Du wurdest am Morgen darauf operiert –
Deine Hand ansah und schaudernd dachte:
Wenn diese Hand nun ihr Leben verliert
Und erstarrt? Da wollte ich sagen:
Ich liebe dich und vergesse dich nie.
Doch das war unmöglich. Nicht zu ertragen.
Ich legte nur meine Hand auf dein Knie.
Wir sprachen von harmlos alltäglichen Dingen
Und Büchern, die du dann lesen wolltest,
Wenn alles vorbei ist. Ich würde sie bringen,
Sobald du nach ihnen fragen solltest.
Mich würgte die ganze Zeit jenes Wort,
Das ich dir unbedingt sagen müßte,
Essenz unsres Lebens: Dank. Ich ging fort.
Das war wie Absprung von sicherer Küste
Ins offne Meer der Verzweiflung und Not.
Ich fühlte fiebernd, wie ich dich liebe
Und wie ich verwaist wäre mit deinem Tod.
Du hast es bestanden. Bist wiedergekommen
Aus dem Zwischenreich und lebst neu mit mir.
Jetzt kann ich sagen. Mein Freund, mein Gefährte,
Ich liebe dich und: ich danke dir.

GOTTHOLD EPHRAIM LESSING
Ihr Wille und sein Wille

Er: Nein, liebe Frau, das geht nicht an:
        Ich muß hier meinen Willen haben.

Sie: Und ich muß meinen haben, lieber Mann.

Er: Unmöglich!

Sie: Was? nicht meinen Willen haben?
       Schon gut! so sollst du mich in Monatsfrist begraben.

Er: Den Willen kannst du haben.

GUSTAV FLAUBERT
»Warum habe ich denn nur geheiratet?«

Andererseits verstand es Emma, ihren Haushalt zu führen. Sie schickte den Patienten die Abrechnung über die Krankenbesuche in wohlgesetzten Briefen, die nicht das Aussehen von Rechnungen hatten. War sonntags ein Nachbar zu Gast, so fand sie eine Möglichkeit, eine hübsch angerichtete Platte aufzutragen, sie schichtete auf Weinblättern Pyramiden von Reineclauden auf, servierte in Töpfen Eingemachtes umgestürzt auf einen Teller und sprach sogar davon, für den Nachtisch Mundschalen anzuschaffen. Durch all dies stieg Bovarys Ansehen deutlich.

Daß er eine solche Frau besaß, erhöhte schließlich auch Charles' Selbstachtung. Voll Stolz zeigte er im Wohnzimmer zwei kleine Bleistiftzeichnungen von ihr, die er in sehr breite Rahmen hatte fassen lassen und an langen grünen Schnüren vor der Wandtapete aufgehängt hatte. Wenn die Messe zu Ende war, sah man ihn in schönen gestickten Pantoffeln in der Haustür stehen.

Er kam spät heim, um zehn Uhr, zuweilen um Mitternacht. Dann wollte er essen, und da die Dienstmagd zu Bett gegangen war, wurde er von Emma bedient. Er zog seinen Gehrock aus, um es sich bequemer munden zu lassen. Er zählte einen nach dem anderen sämtliche Leute auf, denen er begegnet, sämtliche Dörfer, wo er gewesen war, sämtliche Rezepte, die er verschrieben hatte, und mit sich selbst zufrieden aß er den Rest des Zwiebelfleischs, schälte seinen Käse, biß in einen Apfel, leerte seine Karaffe, begab sich sodann zu Bett, legte sich auf den Rücken und schnarchte.

Da er es lange Zeit gewohnt war, eine Nachtmütze zu tragen, rutschte ihm das Kopftuch über die Ohren; morgens hing ihm denn auch das Haar wirr ins Gesicht und war weiß von den Daunen seines Kopfkissens, dessen Bänder während der Nacht aufgingen. Er trug stets derbe Stiefel, die am Spann zwei schräg zu den Knöcheln verlaufende dicke Falten warfen, während sich das übrige Oberleder wie über einem hölzernen Spanner gerade fortsetzte. Er sagte, *für das Land seien sie lange gut genug.*

Seine Mutter bestärkte ihn in dieser Sparsamkeit; denn wie zuvor besuchte sie ihn, wenn es bei ihr zu Hause zu einem etwas heftigen Unwetter gekommen war; und dennoch schien sie gegen ihre Schwiegertochter eingenommen zu sein. Sie fand, Emma habe *für ihre Verhältnisse eine zu anspruchsvolle Art*; Holz, Zucker und Kerzen *schwänden dahin wie in einem großen Haus,* und die Kohlenmenge, die in der Küche verfeuert würde, hätte für fünfundzwanzig Gerichte gereicht! Sie brachte die Wäsche in den Schränken in Ordnung und lehrte Emma, dem Metzger auf die Finger zu schauen, wenn er das Fleisch brachte. Emma nahm diese Belehrungen hin; Madame geizte nicht mit ihnen; und den ganzen Tag wurden die Wörter *liebe Tochter* und *liebe Mutter* getauscht, begleitet von einem schwachen Zucken der Lippen, beide sagten mit zornbebender Stimme Freundlichkeiten.

Zu Madame Dubucs Lebzeiten hatte sich die alte Frau noch als die ihm Liebere gefühlt, doch nun erschien ihr Charles'

Liebe zu Emma wie eine Fahnenflucht seiner Zuneigung, ein Einbruch in das, was ihr gehörte; und sie betrachtete das Glück in stummer Trauer, wie ein Verarmter, der durch das Fenster die in seinem einstigen Haus um den Tisch versammelten Leute sieht. Sie erinnerte ihn mahnend an ihre Mühen und Opfer, verglich sie mit Emmas Nachlässigkeit und leitete daraus ab, daß es unvernünftig sei, sie so ausschließlich anzubeten.

Charles wußte nicht, was er darauf antworten solle; er verehrte seine Mutter, und er liebte seine Frau über alles; er hielt das Urteil der einen für unfehlbar und fand die andere doch untadelig. Als Madame Bovary abgereist war, wagte er schüchtern, eine oder zwei der harmlosesten Bemerkungen seiner Mutter mit den gleichen Worten anzubringen; Emma bewies ihm mit einem Satz, daß er sich irrte und verwies ihn an seine Kranken.

Immerhin versuchte sie nach Theorien, die sie für gut hielt, sich selbst in Liebesstimmung zu versetzen. Bei Mondschein im Garten deklamierte sie alles, was sie an leidenschaftlichen Reimen auswendig kannte, und sang ihm unter Seufzen langsame wehmütige Weisen vor; doch sie fühlte sich danach ebenso ruhig wie davor, und auch Charles schien daraufhin weder verliebter noch ergriffener.

Als sie solchermaßen an ihrem Herzen ein wenig Feuer zu schlagen gewollt hatte, ohne daß ein Funke sprühte, und da sie überdies ebenso unfähig war zu verstehen, was sie nicht empfand, wie an das zu glauben, was sich nicht in den herkömmlichen Formen zeigte, überzeugte sie sich mühelos davon, daß Charles' Leidenschaft für sie nichts Übermäßiges mehr habe; er umarmte sie zu bestimmten Stunden. Es war eine Gewohnheit unter anderen, wie ein nach dem eintönigen Abendessen vorgesehener Nachtisch.

Ein Jagdhüter, den Monsieur von einer Lungenentzündung geheilt hatte, schenkte Madame ein kleines italienisches Windspiel; sie nahm es auf den Spaziergang mit, denn sie ging manchmal aus, um eine Weile allein zu sein und den ewigen Garten und die staubige Straße nicht mehr vor Augen zu haben.

Sie ging bis zum Buchenwald von Banneville, zum verlassenen Gartenhaus, das gegen die Felder hin in der Ecke der Mauer steht. Im breiten Graben dort wachsen mitten im Gras lange Schilfstauden mit messerscharfen Blättern.

Zuerst blickte sie umher, um zu sehen, ob sich seit ihrem letzten Hierherkommen nicht etwas geändert habe. Sie fand an denselben Stellen wie zuvor den Fingerhut und den Goldlack wieder, die Brennesselbüsche, die rings um die dicken Steine wucherten, und die Flecken von Moos längs der drei Fenster, deren stets geschlossene Läden an ihren rostigen Eisenstangen vor Moder zerfielen. Ihre Gedanken schweiften erst ziellos umher wie ihr Windspiel, das im Gelände Kreise zog, hinter gelben Schmetterlingen herkläffte, auf Spitzmäuse Jagd machte oder am Rand eines Kornfelds nach den Mohnblumen schnappte. Dann sammelten sich ihre Gedanken in einem bestimmten Punkt, und während sie im Grase saß und mit der Spitze ihres Sonnenschirms darin stocherte, wiederholte Emma:

»Mein Gott, warum habe ich denn nur geheiratet?«

ERICH KÄSTNER
Gewisse Ehepaare

Ob sie nun gehen, sitzen oder liegen,
sie sind zu zweit.
Man sprach sich aus. Man hat sich ausgeschwiegen.
Es ist soweit.

Das Haar wird dünner, und die Haut wird gelber,
von Jahr zu Jahr.
Man kennt den andern besser als sich selber.
Der Fall liegt klar.

Man spricht durch Schweigen. Und man schweigt mit
                                       Worten.
Der Mund läuft leer.
Die Schweigsamkeit besteht aus neunzehn Sorten.
(Wenn nicht aus mehr.)

Vom Anblick ihrer Seelen und Krawatten
wurden sie bös.
Sie sind wie Grammophone mit drei Platten.
Das macht nervös.

Wie oft sah man einander beim Betrügen
voll ins Gesicht!
Man kann zur Not das eigne Herz belügen,
das andre nicht.

Sie lebten feig und wurden unansehnlich.
Jetzt sind sie echt.
Sie sind einander zum Erschrecken ähnlich.
Und das mit Recht.

Sie wurden stumpf wie Tiere hinterm Gitter.
Sie flohen nie.
Und manchmal steht vorm Käfige ein Dritter.
Der ärgert sie.

Nachts liegen sie gefangen in den Betten
und stöhnen sacht,
während ihr Traum aus Bett und Kissen Ketten
und Särge macht.

Sie mögen gehen, sitzen oder liegen,
sie sind zu zweit.
Man sprach sich aus. Man hat sich ausgeschwiegen.
Nun ist es Zeit ...

CHRISTIANE VULPIUS
»Aber länger will es nicht gehen«

Weimar, den 2. October [1797].

Lieber,

Heute frühe war mein erster Gedanke, ich würde einen Brief von Dir bekommen, aber ich habe dießmal vergebens gehofft. Des Abends ist mein letzter Gedanke an Dich und des Morgens ist es wieder der erste. Es ist mir heute so zu Muthe, als könnte ich es nicht länger ohne Dich aushalten. Es hat auch heute alles im Hause schon über meinen übelen Humor geklagt. Ich weiß gar nicht, was ich vor Freuden thun werde, wenn ich von Dir hören werde, daß Du wieder auf der Rückreise bist. Ohne Dich ist mir alle Freude nichts; ich habe, seit ich von Frankfurt weg bin, keine rechte vergnügte Stunde gehabt. Ich habe Dir es immer seither verschwiegen, aber länger will es nicht gehen. Ich habe mir auch alle mögliche Zerstreuung gemacht, aber es will nicht gehen; selbst das Schauspiel will nicht recht schmecken. Sei ja nicht böse auf mich, daß ich Dir so einen gramselichen Brief schreibe, er ist ganz aus dem Herzen raus. Nun etwas vom Theater; Den Hunnius in der ›Lilla‹ zu sehen, ist der Mühe werth; das ganze Parterre war außer sich, und ich glaube, sein Gesang und Spiel sind charmant. Und seine Frau ist auch nicht schlecht, aber nicht so gut wie er. 2 Neue sind hier, aber keine ist eine Beckern. Die vermißt man überall. Die beiden kommen mir wie die Frankfurter vor. Äugelchen könnte es überall geben, aber ich mag gar keine machen. Von der guten Mutter habe ich wieder einen Brief bekommen, das hat mich recht gefreut. Aber sie schrieb mir, daß sie keinen Brief von Dir hat und alle meine Briefe noch ganz ruhig bei ihr liegen, weil sie nicht wüßte, wo sie sie hinschicken sollte. Angekommen an Dich ist gar nichts, kein Globus, kein Aal, keine Seeschnecken, gar nichts; an mich keine ›Horen‹, kein ›Hermann und Dorothea‹. Dieses nur zu Deiner Nachricht. Kurz, wenn Du nicht da bist, ist es alles nichts. Und wenn Du nach Italien oder sonst eine lange Reise machst und willst mich nicht mitnehmen, so setze ich mich [mit] dem Gustel hinten darauf; denn ich will lieber Wind und Wetter und alles Unangenehme auf der Reise ausstehen, als wieder so lange ohne Dich sein. Es ist, als wär es gar nicht möglich. Im Hause ist alles in Ordnung, Du magst kommen des Tages oder die Nacht. Und der gute Meyer soll auch alles auf das beste finden. Komm nur bald und hab mich so lieb, wie ich Dich haben will.

Leb wohl.

MASCHA KALÉKO
Das graue Haar

Ein welkes Sommerblatt fiel mir zu Füßen.
– Dein erstes graues Haar. Es sprach zu mir:
Mai ist vorbei. Der erste Schnee läßt grüßen.
Es dunkelt schon. Die Nacht steht vor der Tür.

Bald wird der Sturmwind an die Scheiben klopfen.
Im Lindenbaum, der so voll Singen war,
Hockt stumm und düster eine Krähenschar.
Hörst du den Regen von den Dächern tropfen?

So sprach zu mir das erste graue Haar.
Da aber ward ich deinen Blick gewahr,
Da sah ich, Liebster, lächelnd, dich im Spiegel.
Du nicktest wissend: Ja, so wird es sein.

Und deine Augen fragten mich, im Spiegel,
Läßt mich die Nachtigall im Herbst allein?
Und meine Augen sagten dir, im Spiegel:
Kommt, Wind und Regen, kommt! Wir sind zu zwein.

Das graue Haar, ich suchte es, im Spiegel.
Der erste Kuß darauf, das war mein Siegel.

MARIE LUISE KASCHNITZ
Philemon und Baukis

In der griechischen Sintflutsage wird wie in der biblischen eine blühende Landschaft durch die Entfesselung der Naturgewalten vernichtet. Hier wie dort gilt als die Ursache des göttlichen Zorns menschliche Selbstsucht und Härte, hier wie dort erfahren Gerechte wunderbare Errettung aus der Gefahr. Der griechische Mythos erzählt von Deukalion und Pyrrha, welche dazu ausersehen waren, ein neues Geschlecht auf wunderbare Weise ins Leben zu rufen. Wanderer später Zeiten fanden inmitten eines öden Sumpflandes auf einer Anhöhe zwei mächtige Bäume, sie hörten den Wind in den alten Kronen rauschen wie flüsternde Stimmen, wie ein unaufhörliches, sanftes Gespräch, und an die Erscheinung dieser Bäume knüpfte sich ihnen die Geschichte von Philemon und Baukis, eine Geschichte von langem Leben, wundersamer Bewahrung und gnadenreichem Tod.

Dieser Sage zufolge erschienen in den alten Zeiten die Götter Hermes und Zeus einmal als Wanderer im phrygischen Land. Um die Gesinnung der Menschen zu erproben, baten die Bedürfnislosen um Trank und Speise, heischten die nirgends Gebundenen ein Obdach für die Nacht. Es hatten sich aber dort in langen Jahren der Not die Herzen der Menschen so verhärtet, daß jeder nur darauf bedacht war, wie er sich selbst hinüberrette in eine glücklichere Zeit. Den Wanderern voraus lief die Kunde von ihrem herrischen, anspruchs-vollen Wesen, und wenn auch ein Gerücht ihrer unirdischen Abkunft sich rasch verbreitete, so blieben sie doch vor allem Fremde, und ihr Erscheinen erweckte überall Mißtrauen und Furcht.

Solcher Beunruhigung waren auch die alten Bauersleute Philemon und Baukis unterworfen. Sie waren zu dieser Zeit schon allein, ihr bescheidener Besitz konnte nur in harter Arbeit zusammengehalten werden, und ihre Vorräte waren gering. Mehr noch als ihre begüterten Nachbarn mußten sie danach trachten, sich von ungebetenen Gästen zu befreien. Dennoch waren unter allen Bewohnern des Küstenlandes Philemon und Baukis die einzigen, die sich nicht bemühten, einen Vorwand zu ersinnen, die einzigen, die ihre Türe nicht verschlossen. Als die Fremden sich, überall abgewiesen, endlich auch dieser letzten und ärmlichsten Hütte noch näherten, wurden sie eingelassen, und von dem Augenblick ihres Eintretens an waren die Alten unermüdlich darauf bedacht, ihnen alle erdenkliche Fürsorge zu gewähren. Sie opferten das Letzte ihrer Habe, rüsteten ein festliches Mahl und scheuten keine Mühe, durch warmes Bad und sanfte La-gerstatt die weitgereisten Gäste zu erquicken.

Aus solcher Bereitschaft spricht mehr als eine langgewohn-te Achtung vor der Heiligkeit des Gastrechts, mehr als die freundliche Gutmütigkeit, die sich keinem Anruf ver-schließt. Philemon und Baukis waren zusammen alt gewor-den, sie hatten eine gute Ehe geführt, und in all den gemein-sam erlebten Jahren hatten sie einen Schatz angesammelt, der nicht in greifbaren Dingen, sondern in guten Worten und liebevollen Gedanken bestand. Sie hatten keinen Grund gehabt, sich gegeneinander zu verhärten, und jede Enttäuschung, jede Sorge des äußeren Lebens, die der eine empfing, war von dem Liebesatem des anderen aufgelöst worden in ein Lächeln der Geduld. Ihr ganzes Leben lang hatten sie nicht nur sich selbst, sondern eine Menge von lebendigen Wesen und Dingen zu versorgen gehabt, Kinder und Tiere, Weinstöcke, Bäume und Ackerland, und während sich unter ihren Händen das Leben schon hundertfach erneut und gewandelt hatte, waren sie selbst offengeblieben und zur Verwandlung bereit. Auch waren sie in all den Jahren der Welt nicht müde geworden und hatten nicht aufgehört, in ihr das Wunderbare zu suchen, das der schönsten Erfahrung ihrer Herzen entsprach.

Weil in den Frauen die Neugierde größer ist als in den Männern, mag es sein, daß die alte Baukis die erste war, die in den Augen der langsam heranschreitenden Fremden das Wunderbare entdeckte. Vielleicht war sie es auch, die eilfertig die Türe öffnete, noch ehe die Wanderer das Haus erreicht hatten, und nur ihr zuliebe mag Philemon sich zuerst an den Vorbereitungen für das Mahl so dienstwillig beteiligt haben. Aber dann war es doch seine Sache, zu ertragen, wie die jungen und rüstigen Fremden in aller Gelassenheit die Dienste der Greisin annahmen, wie sie ohne Bedenken verzehrten, was den Alten für Wochen gereicht hätte und sich mit allerlei Erzählungen die Zeit verkürzen ließen, ohne selbst etwas zur Unterhaltung beizutragen oder gar von ihrer Herkunft zu berichten. Und als die Mahlzeit zu Ende war und die beiden Unbekannten sich nun auf ihre hochfahrende Weise als Himmlische bezeichneten und ein Strafgericht ankündigten, dem das ganze Land zum Opfer fallen sollte, da war es an Philemon, solche Reden als ein hochmütig trunkenes Prahlen anzusehen oder sie gläubig hinzunehmen als ein göttliches Wort. Denn es war mit dieser Enthüllung den Zumutungen kein Ende gesetzt. Die Fremden erhoben sich nämlich, sie forderten Philemon und Baukis auf, ihnen zu folgen, und ließen nicht im Zweifel, daß das Verlassen der Hütte einen Abschied für immer bedeute. Dabei war es schon Nacht geworden, ein Unwetter zog heran, und die Alten waren von ihrem langen Tagwerke müde. Gerade eben noch waren sie liebevoll und stolz umgegangen mit den wenigen Dingen, an welchen ihr Herz hing, den festlichen und besonderen Tellern und Bechern, den kunstvoll gewebten und bestickten Decken und Teppichen, deren Anblick ihnen alle festlichen Stunden ihres Lebens ins Gedächtnis zurückrief und an denen sich die Ereignisse ihrer Tage ablesen ließen wie aus einem offenen Buch. Gerade eben hatte in der Beherbergung der Gäste das alte, ärmliche Haus seinen schönsten Sinn erwiesen, hatten die Früchte des Gärtchens alle Pflege und Mühe aufs neue gelohnt. Noch glühte das Feuer im Herde, und diese Flamme, die so recht den Inbegriff des gemeinsamen Lebens darstellte, freiwillig zu verlassen mochte die Alten grausamer bedünken als der Tod. Dennoch zögerten sie keinen Augenblick, der Aufforderung der Fremden Genüge zu tun. In ihren Herzen war kein Raum für die Möglichkeit einer Täuschung, eines frevelhaften Betrugs. Sie hörten in den Stimmen der Wanderer, die sich nun zum erstenmal in heller Deutlichkeit erhoben, jenen Anruf, der in jedes Menschenleben immer wieder hineinklingt wie eine helle Fanfare oder wie ein dunkles Brausen und der dazu auffordert, zurückzulassen und zu vergessen. Und voll von Vertrauen verließen sie das Eigene, Haus und Garten, Ölwald und Ackerland und wandten sich nicht zurück.

Während sie, der Weisung der Fremden gehorchend, einer bewaldeten Anhöhe zuschritten, wurde der Sturm heftiger, Wasserfluten stürzten vom Himmel, und von den Abhängen strömten überall rauschende Bäche zu Tal. Die Alten, verwirrt schon durch alles Seltsame der vorangegangenen Stunden, fanden sich bald in öder Bergwildnis verloren. Zwar glaubten sie manchmal einen Pfad wiederzuerkennen, den sie, Kräuter und Holz sammelnd, in früheren Zeiten begangen hatten, und da sie sich so unvermutet an die Wege ihrer Jugend erinnert fühlten, wanderten sie fröhlich, Hand in Hand, und halfen sich gegenseitig über die Beschwerlichkeiten hinweg. Doch wurde es bald noch finsterer, die Erde war von Gießbächen aufgerissen und der Pfad von entwurzelten Stämmen versperrt, und endlich begannen die Alten nach ihren Führern, aber vergeblich, zu rufen. Sie waren allein, und allein und fast unversehens erreichten sie schließlich die hölzerne Berghütte oder ein Gebäude, das sie dafür hielten, da es mit Wänden und Türpfosten ihren tastenden Händen Einhalt gebot.

Hier fanden sie sich plötzlich geborgen vor Regen und Sturm und blieben dort, hingekauert in Wärme und Stille und voller Staunen über das Schicksal, das sie am Ende ihres Lebens noch einmal auf die Reise führte, einem Ungewissen zu. Dabei überkam sie bald große Müdigkeit, und im Auf und Nieder der ersten Schlafwellen verloren sie schon die Erinnerung an ihre verlassene Habe und an die Ereignisse ihres vergangenen Seins. Sie verloren auch das Bewußtsein der Zeit, und während der Regen nun immer ruhiger, aber auch mächtiger herabbrauste, kümmerte es sie nicht mehr, ob Stunden oder Jahre auf solche Weise vergingen. Denn es blieb immer dunkel, dunkel wie im Mutterschoß der Erde oder wie im Grab.

Philemon und Baukis wachten und schliefen, und weil sie so vieles vergaßen, alle Dinge und endlich auch die Worte, welche die Dinge beschwören, blieben sie auch im Wachen ganz unbeweglich und sprachen nicht. Die ganze lange Zeit über jedoch war einer der Gegenwart des anderen liebend gewiß und war auch gewiß jenes Dritten und Großen, das sie hervorgerufen hatte aus ihrem alten Leben und das jetzt überall war, in der Enge des unbekannten Raumes und draußen in dem Wehen und Rauschen der furchtbar verwandelten Natur. Dieses Große war zu ihnen gekommen in Gestalt der wandernden Männer, es hatte ihnen den Besitz aus den Händen genommen, aber auch die Bürde des Alters von den Schultern gelöst. Wie am Ufer eines unendlichen Meeres kauerten sie nun über den strömenden, wogenden Fluten, und je länger die Nacht währte, desto bereiter waren sie, sich hinwegtragen zu lassen, gleichviel wohin. Doch begann es endlich zu dämmern, und ein neuer Tag erschien.

Dieser Tag wuchs sehr langsam aus der großen Finsternis. Er löste sich aus Regenschauern und Hagelwänden, aus vielen Hüllen bleicher Nebel und dunkler Wolken und wurde schließlich der schönsten einer, strahlend hell und blau. Phi-

lemon und Baukis, die ihre tagfremden Augen zum Himmel
erhoben, entdeckten zu ihren Häuptern statt der verrußten
Balken der alten Schutzhütte die schlank aufstrebenden
Säulen und das kunstvoll verschränkte Dach eines Tempels
und glaubten sich noch im Traum. Auch als sie heraustraten
über die marmorne Schwelle, schien ihnen alles fremd, und
sie vermeinten, während der Nacht entrückt worden zu sein
in ein anderes Land. Denn es war alles, was der Landschaft
vordem ihr Gepräge gegeben hatte, die Häuser und Pfade
und die Grenzen der Äcker und Weingärten, ausgelöscht wie
eine flüchtige Schrift. Zwischen verwüsteten Gehölzen brei-
tete sich ein stickiger Morast, an der Stelle der üppigen Vieh-
weiden lag ein großer, unheimlich stiller See. Nur allmählich
erkannten die Alten die treibenden Trümmer von Häusern
und Brücken auf den langsam versickernden Fluten, und
erst als sie sich einander nun zuwandten mit fragendem
Blick, erkannte jeder im Auge des anderen die überstandene
Not und Gefahr. Da wurde ihnen bewußt, was geschehen war
und daß sie verschont geblieben waren, sie als die einzigen
von allen Menschen ringsum.

Zuerst erweckte diese Entdeckung in ihnen mehr Beklom-
menheit als Freude. Zögernd nur durchwanderten sie den
Bezirk des Heiligtumes, das ihnen Herberge und Wohn-
statt geworden war, scheu nur erhoben sie ihre Stimmen,
um den Göttern für ihre Errettung zu danken, und ängst-
lich noch und verwirrt setzten sie sich endlich ein wenig
seitab von dem Tempel ins Gras. Wie dann aber die Sonne
immer kräftiger herabglühte auf das verödete Land, wie
die Vögel wieder zu singen, die Bienen zu summen und die

Kräuter zu duften begannen, war es ihnen, als gewahrten sie im Schimmer der Sonnenglut die beiden Wanderer der vergangenen Nacht, die sie mit freundlicher Gebärde zurückwiesen in den Schatten der Säulenhalle und unter das schützende Dach. Da begriffen sie, daß es von nun an ihr Amt und ihre Aufgabe sein sollte, das verlassene Heiligtum zu hüten und von ihm behütet zu sein, und daß durch eine solche gemeinsame Hingabe ihr Leben wunderbar gekrönt werden sollte. Und weil es ihnen schien, als hätten sie nicht der Gastfreundschaft eines einzigen Abends, sondern der lebendigen Liebe all ihre Jahre diese Gnade zu verdanken, wünschten sie in diesem Augenblick nichts sehnlicher, als beieinander zu bleiben und dieses neu geschenkte Leben in ein und derselben Stunde zu beschließen.

Wie viele Menschenalter lang Philemon und Baukis noch als Hüter des Tempels lebten, wissen wir nicht. Doch erzählt die Sage, daß jener Wunsch ihnen erfüllt wurde, und auf die seltsamste Weise. Eines Abends nämlich, als der Sonnenball sich anschickte, hinter den Hügeln im Westen zu versinken, und die Alten, vor ihrem Tempel stehend, ihm nachschauten in stiller Freude, da sei mit einemmal durch ihre Glieder eine wunderliche Bewegung gegangen, ein Wachsen und Erstarren zugleich. Langsam, langsam hätten sich ihre Leiber verwandelt und wären zu Baumstämmen geworden, ihre Gesichter, einander zugeneigt in unaussprechlicher Liebe, wären allmählich versunken in Wolken grünender Zweige, und ihre Stimmen hätten nicht mehr menschliche Worte gesprochen, sondern nur noch wie das Rauschen und Flüstern windbewegter Zweige getönt. In eine Eiche war Philemon, in eine Linde Baukis verwandelt worden, und nach und nach durchdrangen sich die Äste dieser Bäume und bildeten ein starkes, gewaltiges Dach. Mit ihren Zweigen umgriffen sie den schimmernden First des alten Tempels und hielten und stützten den mählich zerfallenden mit ihrer lebendigen Kraft. In ihrem Schatten aber verweilten ruhend und sinnend die neuen Menschen, Deukalions und Pyrrhas Geschlecht.

TAHAR BEN JELLOUN
Mein Mann ist ...

Er hat tausendundeinen Grund gefunden, warum wir uns nicht mehr lieben, hier sind meine Gründe:

Mein Mann hat viele Tugenden, doch ich habe nur seine Fehler kennengelernt.

Im Grunde ist mein Mann ein alter Junggeselle, eigen und egoistisch.

Mein Mann isst schnell, und das geht mir auf die Nerven.

Mein Mann fährt schon drei Stunden vor Abflug zum Flughafen.

Mein Mann ist cholerisch und nervös, wenn er bei mir ist, aber immer sehr freundlich zu allen anderen.

Mein Mann ist ungeduldig.

Mein Mann schnarcht und bewegt sich ständig, wenn er schläft.

Mein Mann fährt nicht gerne Auto und erträgt meine Art des Autofahrens nicht.

Mein Mann mag die Menschen nicht, er zieht Einsamkeit vor.

Mein Mann ist naiv, schwach und hat keine Autorität.

Mein Mann ist der Ewig-Geprellte. Seine besten Freunde haben ihn alle verraten (etliche Frauen haben ihn mit einem Lächeln ausgenommen, und seine Agenten haben ihn bestohlen).

Mein Mann hasst Sport, macht keine Übungen und hat einen Bauch.

Mein Mann liebt Schwarzweißfilme. Er hat eine Marotte, zitiert Dialogfetzen aus seinen Lieblingsfilmen, und das nervt mich.

Mein Mann ist ein falscher Fuffziger (ich liebe diesen Ausdruck, der so gut auf ihn passt und ihn ausrasten lässt).

Mein Mann ist ein Loser, wenn er einmal gewinnt, ist es Zufall.

Mein Mann kämpft nicht gerne, er behauptet, er möge keine Konflikte.

Mein Mann ist (sehr oft) ein abwesender Vater.

Mein Mann lässt sich zu keiner Verrücktheit, zu keinem Traum hinreißen (seine Malerei belegt das ziemlich gut).

Mein Mann hat nie Haschisch geraucht oder Wodka getrunken. Er ist noch nie betrunken gewesen, hat noch nie den Kopf verloren.

Mein Mann attackiert mich, wenn ich Alkohol trinke oder eine Zigarette rauche.

Mein Mann ist ein Araber, mit den Fehlern und dem Atavismus der Araber.

Mein Mann singt falsch.

Mein Mann glaubt nicht an Geister, an die Seele, an durch Wellen übertragene Energien.

Mein Mann ist nicht großzügig; wenn er mal ein Bild verschenkt, ist es klein und nicht signiert.

Mein Mann ist ein Hypochonder.

Mein Mann ist ein schwächlicher Macho.

Mein Mann ist wie ein Baum mit einem hohlen, abgestorbenen Stamm.

Mein Mann ist so ungeschickt, dass eine meiner Freundinnen eine Liste seiner Ausrutscher führt.

Mein Mann tut so, als lese er, wenn er nicht malt (beim Lesen döst er ein).

Mein Mann hätte gerne einen Mittagsschlaf, bei dem er einen alten Film anschaut, den er bereits mehrmals gesehen
hat.

Mein Mann ist ein schlechter Lügner.

Mein Mann ist ein unbegabter Verräter.

Mein Mann ist kein Ehemann.

Mein Mann behauptet, die Frauen zu sehr zu lieben. Das ist
falsch, er ist ja nicht einmal fähig, seine Frau zu lieben.

ISABEL ALLENDE
Falls das hier schiefgeht …

Damit möchte ich jetzt zu Roger kommen, das hatte ich ja versprochen.

Die unvergesslichen Lektionen aus der strengen Schule meines Großvaters waren sehr nützlich für mich, sie stählten meinen Charakter und halfen mir, auch in Zeiten großer Widrigkeiten meinen Weg zu gehen, aber auf die Beziehungen zu meinen Partnern wirkten sie sich ungut aus, weil ich mich nicht ausliefere. Ich stehe auf eigenen Füßen und verteidige meine Unabhängigkeit, etwas zu geben fällt mir überhaupt nicht schwer, aber etwas anzunehmen bereitet mir Mühe. Einen Gefallen kann ich nur zulassen, wenn ich weiß, wie ich ihn erwidere, ich hasse es, Geschenke zu bekommen, und lasse nicht zu, dass mein Geburtstag gefeiert wird. Eine meiner größten Herausforderungen bestand von jeher darin, mir einzugestehen, dass ich verletzlich bin, aber dank einer neuen Liebe, die hoffentlich meine letzte sein wird, ist das jetzt leichter geworden.

Eines Tages im Mai 2016 hörte ein gewisser Roger, verwitweter Anwalt aus New York, mich im Radio, als er im Auto von Manhattan nach Boston unterwegs war. Er hatte zwei Bücher von mir gelesen, und durch etwas, das ich in dieser Radiosendung sagte, wurde er wohl hellhörig, jedenfalls schrieb er danach an mein Büro. Ich antwortete ihm, und er schrieb mir weiter, jeweils morgens und abends, jeden Tag, fünf Monate lang. Normalerweise beantworte ich nur die erste Mail eines Lesers oder einer Leserin, weil mein Leben nicht ausreichen würde, wenn ich mit den vielen hundert Menschen, die mir schreiben, dauerhaft korrespondieren wollte, aber die Hartnäckigkeit dieses Witwers aus New York machte Eindruck auf mich, also blieben wir in Kontakt.

Meine damalige Assistentin, Chandra, die süchtig nach Krimiserien ist und Spürhundqualitäten besitzt, machte sich daran, alles über diesen mysteriösen Witwer herauszufinden, der gut hätte ein Psychopath sein können, man weiß ja nie. Es ist unglaublich, wie viele Informationen offen verfügbar sind für jeden, der etwas über uns erfahren will. Sie müssen sich vorstellen, dass Chandra mir ein umfassendes Dossier zusammenstellte, inklusive dem Nummernschild des Wagens und den Namen der fünf Enkelkinder dieses Mannes. Seine Frau war einige Jahre zuvor gestorben, er lebte allein in einer Villa in Scarsdale, nahm täglich den Zug nach Manhattan, hatte seine Kanzlei an der Park Avenue usw. »Er scheint in Ordnung zu sein, aber Misstrauen ist trotzdem angebracht, womöglich hat er bei Brendas Architekt gelernt«, mahnte mich Chandra.

Im Oktober reiste ich für eine Konferenz nach New York, und Roger und ich lernten uns endlich kennen. Ich sah bestätigt, was er in seinen E-Mails über sich geschrieben und was Chandras Ermittlungen ergeben hatten: Der Mann war ein offenes Buch. Ich konnte ihn sehr gut leiden, aber es war nicht diese blitzartige, unbändige Leidenschaft, die mich mit fünfundvierzig bei Willie ereilt hatte. Was das zuvor Gesagte bestätigt: Die Hormone sind entscheidend. Roger lud mich zum Abendessen ein, und nach einer halben Stunde fragte ich ihn geradeheraus nach seinen Absichten, ich hätte in meinem Alter keine Zeit zu verlieren. Er verschluckte sich an seinen Ravioli, ergriff aber nicht die Flucht, wie ich es getan hätte, hätte er mich derart überrumpelt.

Drei Tage konnten wir zusammen verbringen, ehe ich zurück nach Kalifornien musste, und diese Zeit genügte Roger, um zu entscheiden, dass er mich, einmal gefunden, nicht wieder gehen lassen würde. Als er mich zum Flughafen fuhr, machte er mir einen Heiratsantrag. Ich gab ihm die Antwort, die man von einer ehrenwerten, älteren Dame erwartet: »Heiraten kommt nicht in Frage, aber wenn du mich öfter in Kalifornien besuchen möchtest, können wir ein Verhältnis haben, was meinst du?« Der Ärmste ... Was hätte er denn sagen sollen? Ja, was sonst.

So machten wir das dann etliche Monate, bis es zu anstrengend wurde, sich nach sechs Stunden im Flugzeug für ein Wochenende zu sehen. Da verkaufte Roger sein Haus, das angefüllt war mit Möbeln, Gegenständen und Erinnerungen, verschenkte alles und zog nach Kalifornien mit zwei Fahrrädern und einigen Kleidungsstücken, die ich umgehend ersetzte, weil sie aus der Mode gekommen waren. Er klang dann doch etwas besorgt: »Ich habe nichts mehr. Falls das hier schiefgeht, kann ich unter der Brücke schlafen.«

RAYMOND CARVER
Spätes Fragment

Und – hast du bekommen, was
du haben wolltest von diesem Leben, trotz allem?
Ja, hab ich.
Und was wolltest du?
Sagen können, dass ich geliebt werde, mich geliebt
fühlen auf dieser Erde.

Inhaltsverzeichnis

Textnachweise

ISABEL ALLENDE, **Falls das hier schiefgeht ...**, S. 92, aus: Isabel Allende, Was wir Frauen wollen, Suhrkamp Verlag Berlin 2020

ARISTOTELES, **Freundschaft zwischen Mann und Frau**, S. 42, aus: Aristoteles, Nikomachische Ethik, Übersetzung und Nachwort von Franz Dirlmeier, Reclam Verlag Stuttgart 1969

TAHAR BEN JELLOUN, **Mein Mann ist ...**, aus: S. 89, aus: Tahar Ben Jelloun, Eheglück, aus dem Französischen von Christiane Kayser, Berlin Verlag Berlin 2015

CHRISTINE BUSTA, **Vom Altern**, S. 25, aus: Christine Busta, Inmitten aller Vergänglichkeit, © Otto Müller Verlag, 3. Auflage, Salzburg 2015

RAYMOND CARVER, **Spätes Fragment**, S. 95, aus: Raymond Carver, Ein neuer Pfad zum Wasserfall, Gedichte, aus dem Amerikanischen von Helmut Frielinghaus, S. Fischer Verlag Frankfurt am Main 2013 (**Late Fragment** by Raymond Carver. Copyright © 1989, Tess Galagher, used by permission of The Wylie Agency (UK) Limited)

MATTHIAS CLAUDIUS, **An Frau Rebecca**; bei der silbernen Hochzeit, den 15. März 1797, S. 26, aus: Deutsche National-Literatur, 50. Band: Der Göttinger Dichterbund, Union Deutsche Verlagsgesellschaft Stuttgart o. J.

RACHEL CUSK, **Danach**, S. 55, aus: Rachel Cusk, Danach, Über Ehe und Trennung, aus dem Englischen von Eva Bonné, Suhrkamp Verlag Berlin 2020

DEBORAH FELDMAN, **Am Ende war es unbedeutend**, S. 28, aus: Deborah Feldman, Unorthodox. Eine autobiographische Erzählung, aus dem amerikanischen Englisch von Christian Ruzicska, © 2017 btb Verlag, München, in der Penguin Random House Verlagsgruppe GmbH

GUSTAVE FLAUBERT, **»Warum habe ich denn nur geheiratet?«**, S. 71, aus: Gustave Flaubert, Madame Bovary, aus dem Französischen von Maria Dessauer, Insel Verlag Frankfurt am Main und Leipzig 1996

THEODOR FONTANE, **Wurzels (Berliner Ehedialog)**, S. 58, aus: Theodor Fontane, Die Gedichte, herausgegeben von Otto Drude, Insel Verlag Frankfurt am Main und Leipzig 2000

THEODOR FONTANE, **An Emilie Fontane**, S. 60, aus: Emilie und Theodor Fontane, Der Ehebriefwechsel, herausgegeben von Gotthard Erler unter Mitarbeit von Therese Erler, Aufbau-Verlag Berlin 1998

MAX FRISCH, **Hätten Sie von sich aus die Ehe erfunden?**, S. 32, aus: Max Frisch, Fragebogen, Suhrkamp Verlag Frankfurt am Main 1992

MAX FRISCH, **Ich bleibe derselbe**, S. 36, aus: Max Frisch, Entwürfe zu einem dritten Tagebuch, herausgegeben und mit einem Nachwort von Peter von Matt, Suhrkamp Verlag Berlin 2010

ROBERT GERNHARDT, **Ja und Nein**, S. 7, aus: Robert Gernhardt, Gedichte 1954-1994, © S. Fischer Verlag GmbH 2008

GÜNTER GRASS, **Ehe**, S. 67, aus: Günter Grass, Werkausgabe, hg. v. Volker Neuhaus und Daniela Hermes, Bd. 1: Gedichte und Kurzprosa, © 1997 Steidl Verlag Göttingen

AXEL HACKE, **Vor der Party**, S. 51, aus: Axel Hacke, Das Beste aus meinem Liebesleben, © Verlag Antje Kunstmann GmbH, München 2011

GÜNTER HERBURGER, **Ehegedicht**, S. 48, aus: Günter Herburger, Ziele. Gedichte, Rowohlt Verlag Reinbek 1977

EDVARD HOEM, **Eine Tür ins Unbekannte**, S. 18, aus: Edvard Hoem, Die Geschichte von Vater und Mutter, aus dem Norwegischen von Ebba D. Drolshagen, Insel Verlag Frankfurt am Main und Leipzig 2007

ERICH KÄSTNER, **Kleines Solo**, S. 11, aus: Der tägliche Kram © Atrium Verlag AG, Zürich 1948 und Thomas Kästner

ERICH KÄSTNER, **Gewisse Ehepaare**, S. 75, aus: Doktor Erich Kästners lyrische Hausapotheke © Atrium Verlag AG, Zürich 1936 und Thomas Kästner

MASCHA KALÉKO, **Das graue Haar**, S. 79, aus: Mascha Kaléko, Verse für Zeitgenossen, © 2017 dtv Verlagsgesellschaft mbH & Co. KG, München 2017

MARIE LUISE KASCHNITZ, **Philemon und Baukis**, S. 80, aus: Marie Luise Kaschnitz, Griechische Mythen, mit fünfzehn Abbildungen, Bilderläuterungen und einem Nachwort von Bernard Andreae, Insel Verlag Frankfurt am Main und Leipzig 2001

AXEL KÜHNER, **Moses Mendelssohns Brautwerbung**, S. 46, aus: Axel Kühner, Die besondere Brautwerbung, in: ders., Voller Witz und Weisheit. Jüdischer Humor und biblische Anstöße. © 2008 Neukirchener Verlagsgesellschaft mbH, Neukirchen-Vluyn, 7. Auflage 2018, S. 18.

GOTTHOLD EPHRAIM LESSING, **Ihr Wille und sein Wille**, S. 70, aus: Gotthold Ephraim Lessing, Werke, Carl Hanser Verlag München 1970

ASTRID LINDGREN, **Ein ganzes Leben**, S. 8, aus: Astrid Lindgren, Das entschwundene Land, aus dem Schwedischen von Anna-Liese Kornitzky, Verlag Friedrich Oetinger Hamburg 1977

FRIEDERIKE MAYRÖCKER, **Alpensprache Rohrmoos**, S. 50, aus: Friederike Mayröcker, Liebesgedichte, ausgewählt und mit einem Nachwort von Ulla Berkéwicz, Insel Verlag Frankfurt am Main und Leipzig 2006

CHRISTIAN MORGENSTERN, **Die zwei Wurzeln**, S. 31, aus: Christian Morgenstern, Gedichte in einem Band, herausgegeben von Reinhardt Habel, Insel Verlag, Frankfurt am Main und Leipzig 2003

CHRISTINE NÖSTLINGER, **Irrtümer betreffs der Ehe**, S. 21, aus: Christine Nöstlinger, Das Leben ist am schwersten zwei Tage vor dem Ersten, mit Illustrationen von Christiana Nöstlinger, Deutscher Taschenbuch Verlag München 2007

PAULUS, **Ehe und Ehelosigkeit**, S. 49, aus: Die Bibel, übersetzt von Martin Luther (1. Brief des Paulus an die Korinther 7,1 ff.), Bibelgesellschaft Stuttgart 1971

FRIEDERIKE ROTH, **Ehe**, S. 44, aus: Friederike Roth, Schieres Glück, Gedichte, Luchterhand Verlag, Darmstadt und Neuwied 1980

GUSTAV SCHWAB, **Orpheus und Eurydike**, S. 13, aus: Gustav Schwab, Sagen des klassischen Altertums, mit einem Nachwort von Manfred Lemmer, Insel Verlag Berlin 2011

EVA STRITTMATTER, **Dank I**, S. 69, aus: Eva Strittmatter, Sämtliche Gedichte. Erw. Neuausgabe Aufbau Verlag Berlin 2015, © Aufbau Verlag GmbH & Co. KG, Berlin 1983, 2015 (Das Gedicht erschien erstmals in: Eva Strittmatter, Heliotrop. Gedichte, im Aufbau Verlag Berlin)

WISŁAWA SZYMBORSKA, **Glückliche Liebe**, S. 65, aus: Wisława Szymborska, Glückliche Liebe und andere Gedichte, aus dem Polnischen von Renate Schmidgall, Suhrkamp Verlag Berlin 2012

LEW TOLSTOJ/SOFJA TOSTAJA, **Daß ich dich verlassen habe**, S. 37, aus: Lew Tolstoj/Sofja Tostaja, Eine Ehe in Briefen, herausgegeben und aus dem Russischen übersetzt von Ursula Keller und Natalja Sharandak, Insel Verlag Berlin 2010

KURT TUCHOLSKY, **Ehekrach**, S. 23, aus: Kurt Tucholsky, Gedichte in einem Band, herausgegeben von Ute Maack und Andrea Spingler, Insel Verlag Frankfurt am Main und Leipzig 2006

CHRISTIANE VULPIUS, **»Aber länger will es nicht gehen«** (Brief an Johann Wolfgang Goethe, 2.10.1797), S. 77, aus: Behalte mich ja lieb!, Christiane und Goethes Ehebriefe, Auswahl und Nachwort von Sigrid Damm, Insel Verlag Frankfurt am Main und Leipzig 1998

Erste Auflage 2021 © Insel Verlag Berlin 2021. Alle Rechte vorbehalten, insbesondere das der Übersetzung, des öffentlichen Vortrags sowie der Übertragung durch Rundfunk und Fernsehen, auch einzelner Teile. Kein Teil des Werkes darf in irgendeiner Form (durch Fotografie, Mikrofilm oder andere Verfahren) ohne schriftliche Genehmigung des Verlages reproduziert oder unter Verwendung elektronischer Systeme verarbeitet, vervielfältigt oder verbreitet werden. Bezugspapier und Innenillustrationen: Katrin Stangl, Köln. Gesetzt in der Schrift Aleksei. Gedruckt auf holzfreies, alterungsbeständiges Werkdruckpapier der Firma Cordier, Bad Dürkheim, von der Memminger MedienCentrum AG. Gebunden in Fadenheftung von der Conzella Verlagsbuchbinderei GmbH & Co KG, Aschheim-Dornach. Printed in Germany.

ISBN 978-3-458-19501-6